福建省社会科学普及出版资助项目
（2019年度）
编委会

主　任：林蔚芬

副主任：王秀丽

委　员：康蓉晖　杨文飞　刘兴宏　李培錒

....

福建省社会科学普及出版资助项目说明

　　福建省社会科学普及出版资助项目由福建省社会科学界联合会策划组织和资助出版，是面向社会公开征集、统一组织出版的大型社会科学普及读物，旨在充分调动社会各界参与社会科学普及的积极性、创造性，推动社会科学普及社会化、大众化，为社会提供更多更好的社会科学普及优秀作品。

普惠金融知识概览

郑海荣　游碧蓉　著

海峡出版发行集团｜海峡文艺出版社

图书在版编目(CIP)数据

普惠金融知识概览/郑海荣,游碧蓉著.—福州:
海峡文艺出版社,2024.4
ISBN 978-7-5550-2905-2

Ⅰ.①普… Ⅱ.①郑…②游… Ⅲ.①金融体
系－中国－通俗读物 Ⅳ.①F832.1－49

中国国家版本馆 CIP 数据核字(2024)第 054001 号

普惠金融知识概览

郑海荣 游碧蓉 著
出 版 人 林 滨
责任编辑 林鼎华
出版发行 海峡文艺出版社
经 销 福建新华发行(集团)有限责任公司
社 址 福州市东水路 76 号 14 层
发 行 部 0591－87536797
印 刷 福建新华联合印务集团有限公司
厂 址 福州市晋安区福兴大道 42 号
开 本 720 毫米×1010 毫米 1/16
字 数 90 千字
印 张 7.25
版 次 2024 年 4 月第 1 版
印 次 2024 年 4 月第 1 次印刷
书 号 ISBN 978-7-5550-2905-2
定 价 25.00 元

如发现印装质量问题,请寄承印厂调换

目　录

第一章　普惠金融衍变

第一节　普惠金融的起源

普惠金融的出现是为了缓解金融排斥。某种意义上看，普惠金融和金融排斥是一个问题的两个方面，一个国家或地区的普惠金融水平高，则意味着该国或该地区面临的金融排斥程度较低。金融排斥的存在给社会、经济带来相当大的危害。各个国家和地区一直致力于缓解金融排斥，为此提出很多模式，包括小额信贷、微型金融等。而普惠金融源于小额信贷和微型金融的理论与实践。

一、金融排斥的概念

金融排斥的概念最早是由英国地理学家提出的。20 世纪 80 年代，随着金融监管的放松、金融自由化的推进以及信息技术的发展，一些金融机构开始关闭在英国郊区和农村地区的分支机构，将金融资源向人口密度密集、相对富裕的城镇地区集中，从而导致低收入地区、弱势群体被排除在主流的金融服务体系之外，出现地理可及性障碍。Leyshon 和 Thrift 等英国地理学家最早发现并研究这种现象，提出"金融排斥"的概念。之后，随着研究的深入和实践的发展，不同的学者分别从不同角度对金融排斥的概念加以诠释。

作为金融排斥概念最早的提出者，Leyshon 和 Thrift（1995）认

1

为，金融排斥是指"阻碍穷人及弱势群体获得进入正规金融体系渠道的过程"，强调金融排斥具有明显的地理倾向性。许圣道（2008）指出，金融排斥就是指经济主体被主流金融所排除，它是社会排斥的子集，被金融排斥的居民常常会在其他方面被否认和排斥，从而进一步加深其他方面的社会排斥。

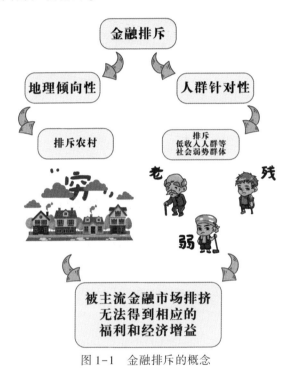

图1-1　金融排斥的概念

二、金融排斥的类型

Kempson等人认为，金融排斥的类型可分为五种：1. 可及性排斥，是指金融服务可得性方面存在障碍，某些群体无法获得金融产品和服务，这种障碍可能由于地理原因产生，也可能是由于风险评估程序导致的；2. 条件排斥，即因为无法达到金融产品所附属的条件（如提供抵押物、担保要求等）而无法获得金融服务；3. 价格排斥，即一些人支付不起他们所需要的金融产品获取价格，从而被排斥在金融体系之外；4. 市场营销排斥，即金融机构从自身利益出发，有针对性地面向一部分人群设计、推广和销售金融产品和服务（如面向大客户提供的理财产品等），而导致其他人群被排除在金融机构产品营销目标市场之外；5. 自我排斥，即人们认为提出某些金融产品的申请后，获批的可能性很小，被拒绝的可能性很大，自动把自己排除在获得金融服务的范围之外。

世界银行的经济学家 Demirgüç-Kunt 等人更多出于对金融排斥测量的视角，在完成的一份世界银行政策报告中认为，金融排斥的类型可分为两种：一是主动性金融排斥，这部分人不需要金融服务或由于文化、宗教原因不使用，间接获得金融服务；二是被动性金融排斥，由于收入不足、风险大、信息缺失、合同履行差或市场不完美的价格障碍而难以获得金融服务。

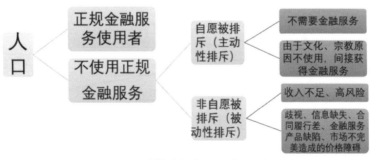

图 1-2　金融排斥的类型（世界银行）

三、金融排斥的原因

金融排斥是一个复杂、动态化的过程，金融排斥的原因是多样化的，既有宏观层面的原因，也有微观层面的原因。

就宏观层面而言，经济发达程度、政府的干预等因素都是形成金融排斥的重要原因。一般而言，经济越不发达的国家或地区，金融排斥的程度往往越高。比如，根据世界银行（2014）的报告，全球范围内仍有一半的成年人无法获得金融服务，而这一比例在低收入经济体达到76%，在非洲、中东等则超过80%。高收入国家89%的成年人至少在一家正规金融机构拥有一个账户，而发展中国家该比例只有41%。政府的一些不合理干预也会导致金融排斥的存在。比如，利率管制导致的信贷配给，导致中小微企业贷款难、贷款贵。严格的市场准入门槛抑制了金融市场的充分竞争，具有垄断地位的金融机构为弱势群体或偏远地区的客户提供金融服务的意愿就会下降。征信体系的不完善也会降低金融机构提供金融服务的积极性，从而加剧金融排斥的程度。

就微观层面而言，金融服务提供方的运营成本高、业务手续烦琐等会增加提供金融服务的成本和难度。金融服务需求方收入低、金融知识的匮乏、合格抵质押品的缺失等也会降低金融服务需求以及增加获得金融服务的成本和难度。

四、金融排斥的现状

（一）全球金融排斥的现状

世界银行出版的《2014年全球金融发展报告：普惠金融》，利用全球普惠金融数据库对世界上148个经济体的金融普惠性进行测量，发现：

1. 从账户拥有率来看，在发达经济体，89%的成年人报告他们在正式金融机构拥有账户，而这一比例在低收入经济体只有24%。全球范围内，50%的成年人（超过25亿人）没有正式的银行账户。在非洲、中东、东南亚国家中，持有账户的成年人比例不到20%。

2. 从保险来看，发展中经济体，17%的受访者表示他们会购买健

康保险，这一比例在撒哈拉以南的非洲地区、欧洲、中亚和南亚，从
3%到5%之间波动，类似的比例在东亚和太平洋地区是38%（主要是
中国拉动的，中国47%的受访者表示会购买，如果排除中国，则该地
区的平均水平会降低至9%）。

而且金融排斥存在城乡差别、区域差别以及性别差别。农村地区
往往面临着更为严重的金融排斥，即使在发达的国家，如英国，农村
面临的金融排斥程度也更高，而且农村的金融排斥问题更隐蔽、更难
以解决。不同地区和个人之间的金融普惠程度有显著差异，比如，拥
有一个账户的人口比率从低于1%（土库曼斯坦）到超过99%（丹
麦）；保加利亚每10万人就有84个商业银行分支机构，而全球的平
均水平只有19个；在芬兰，有24%的成年人报告说从正规金融机构
（如银行、信用社、MFI等）获得贷款，而在乌克兰和布隆迪，这一
数据分别只有8%和2%。在同一收入水平的人群中，女性比男性更容
易成为金融排斥的对象，全球范围内，47%的女性持有或共有一个金
融账户，而男性是55%；在发展中国家，女性是弱势群体，男性中
46%拥有正式账户，而女性拥有账户的比重只有37%；女性更容易遭
遇高利率，贷款时需要更高的抵押率，贷款期限也更短。

世界银行（World Bank）和国际金融公司（IFC）下属的中小企
业融资论坛（SME Finance Forum）估计，在全球范围内中小企业面临
2.1万亿到2.6万亿美元的融资缺口，占目前全球中小企业信贷存量
的1/3左右；在全球范围内有2亿到2.45亿个企业或个体经营者无
法获得足够的金融服务或者根本无法获得金融服务，而在这些被"金
融排斥"的企业和个体经营者中，有90%都是中小企业。[1]

① 数据来源：中小企业融资论坛（SME Finance Forum）的网站（financegap. smefi-
nanceforum. org）。

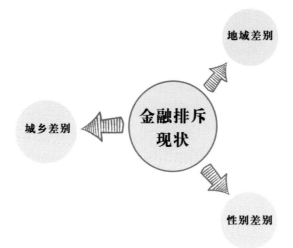

图 1-3　金融排斥的现状

（二）中国的金融排斥现状

普惠金融概念被正式提出的 2006 年之前，中国同样面临着较为严重的金融排斥，尤其是在农村地区。

在中国，20 世纪 90 年代以来，随着银行商业化、产权改革的推进，金融空间格局发生了显著变化，农村地区成千上万个金融机构网点被关闭，金融机构网点及其他金融资源逐步向经济发达的地区集中，农信社和邮政储蓄系统成为农村地区金融服务的主要提供者。

中国农业发展银行撤并了 100 多个设在县级的分支机构，而且曾经是农村资金供给的重要主体的中国农业银行，更是大幅度缩减其设在农村地区的经营网点，1996-2006 年间，中国农业银行的机构总数共减少 41198 个机构网点。原中国银监会 2007 年发布的《中国银行业农村金融服务分布图集》显示，由于我国农村地区各类金融机构网点的纷纷撤并，到 2006 年末，全国县及县以下的农村地区只剩下 111302 个金融机构营业网点。在我国广大的农村地区还有多达 8213

个乡镇只设有一家银行业金融机构网点，平均每 20 个村庄仅拥有一个县级或县级以下吸收存款的机构。[①] 加之农信社满足农户金融需求的能力有限（部分原因是历史上形成的大量不良贷款），以及邮政储蓄系统所能提供的产品也很有限（主要是汇款服务和储蓄账户），进一步降低了农村金融产品和服务的可得性。而且，还有 3302 个乡（镇）（占全国乡镇总数的 10% 以上）并未设有任何银行业金融机构营业网点。全国有 17 个省份的县以及县以下农村地区没有一家股份制商业银行。

2006 年我国银行业金融机构的贷款支持农户数 87187963 户，占农户总数的 37%，其中，上海、天津、浙江、江苏、广东获得贷款支持的农户比例分别只有 1%、3%、16%、19%、14%，远远低于全国平均水平。农业贷款所占比例只有 8.92%（许圣道，2008）。据中国人民银行 2009 年对 10 个省的 263 个县 20040 个农户的问卷调查，农户贷款的覆盖率仅为 26.3%。

从 1997 年到 2006 年的 10 年中，我国农业保险保费收入一直都没有超过 8 亿元的水平，甚至在 2001 年该项收入只有 3 亿元。在相对量方面，农业保险保费收入占全国保险业保费收入总额的比重，在 1997 年达到 0.75% 以后，一直呈下降趋势，特别是在 2000 年以后，该比例从未突破 0.20% 的水平。如果按全国 2.55 亿农户（2005 年统计数据）计算，多年来我国户均投保费用不足 2.6 元，尽管 2006 年农业保险保费收入上升到 8 亿元，户均投保费也才 3.1 元。而且，在我国农业保险保费收入不高的情况下，农业保险的险种数目也在不断减少，由最多时候的 60 多个险种，下降到 2005 年的不足 30 个

---

① 　中国银监会 2007 年 6 月 28 日发布的《中国银行业农村金融服务分布图集》。

险种。[1]

农民的自我金融排斥严重。对全国 29 个省（市、自治区）农村金融现状的调查结果证实，大量农户由于对正规贷款的获得不抱乐观预期和缺乏信心，而没有尝试过从正规金融机构申请贷款。究其原因，有 17% 的农户觉得自己在金融机构没有"关系"，11.1% 的农户不懂正规贷款的申请程序，5.9% 的农户觉得自己不能够满足信用社的抵押和担保要求。[2]

五、金融排斥的危害

金融排斥会给社会带来多方面的危害，将制约人们的生计改善，影响金融稳定。

一是无法获得可负担的贷款将导致人们转而寻求高利贷；

二是缺乏保险和储蓄导致家庭在金融危机面前十分脆弱，难以抵御外来事件的侵扰；

三是缺乏银行账户限制了人们的支付方式，无银行账户的人必须承担现金交易带来的成本和风险，某些情况下，公用事业提供者对现金支付收取更高价格，即所谓的"穷人在无现金经济中支付的更多"；

四是，金融排斥现象会带来社会排斥现象，从而可能影响社会的稳定。

六、小额信贷

正因为金融排斥在全球普遍存在，而且金融排斥会给社会带来危

---

[1] 费友海：《中国农业保险制度演化研究》，西南财经大学出版社，2011 年 4 月版。

[2] 何德旭，张军洲主编：《中国金融服务理论前沿（5）》，社会科学文献出版社，2008 年 6 月版。

害，所以，世界各国都一直致力于缓解金融排斥。

早在18世纪初，爱尔兰就建立贷款基金体系，重点向没有抵押的贫困农户提供小额贷款，到19世纪40年代，该体系下的300多家基金会遍布爱尔兰，顶峰时期每年有20%的爱尔兰家庭成为其客户。20世纪早期，拉丁美洲的部分地区出现了小额信贷模式的信贷系统。20世纪50-70年代，政府和捐助者将重点放在向农民提供小额农业贷款，帮助他们提高生产力和增加收入，强调政府干预。但是，这些特种贷款大量违约，导致项目以失败告终。

现代意义上的小额信贷产生于20世纪70年代。穆罕默德·尤努斯在孟加拉国创办孟加拉农业银行格莱珉试验分行，开始逐步形成格莱珉小额信贷模式。1983年，孟加拉国会通过《1983年特别格莱珉银行法令》，正式成立格莱珉银行。尤努斯将小额信贷定义为"为贫穷的人提供小额贷款，使他们能够通过个体经营获得收入来照顾自己和家人"。在国际上，主流观点也是认为小额信贷是专门针对那些很难从正规金融机构获得贷款的贫困或低收入人群或底层人群而提供的小额度的信贷服务。世界银行扶贫协商小组（CGAP）在《小额金融信贷手册》中，将小额信贷定义为"为满足低收入者生产、经营、消费方面的需求，从而向他们提供类似贷款、储蓄等的金融服务"。

小额信贷的客户一般是微型企业或低收入人群，贷款规模小，通常是信用贷款，不需要提供抵质押物。

按照业务经营的目的，小额信贷可分为福利主义和制度主义。福利主义小额信贷以社会发展为首要目标，注重贷款项目对改善贫困人口经济和社会福利的作用。在提供小额信贷的同时，为贫困人群提供技术培训、教育、医疗等社会服务，以帮助客户解决基本生存问题。制度主义小额信贷则更强调小额信贷机构的可持续性，尤其是财务上的可持续性，在此基础上向广大的低收入群体提供信贷服务，一般不提供技术培训、教育、医疗等服务。

图1-4　缓解金融排斥的模式

七、微型金融

20世纪90年代，小额信贷的发展已经无法满足贫困人群多样化的金融需求，仅靠信贷服务无法帮助贫困人群摆脱生活的困境。

微型金融的概念最早由世界银行提出并在全球进行推广。根据世界银行的定义，微型金融是指对低收入家庭提供贷款、储蓄、保险及货币支付等一系列金融服务。联合国将微型金融宽泛地定义为向穷人和低收入者提供诸如储蓄、信贷及其他小额金融服务；微型金融机构则泛指提供这类服务的金融机构，包括非政府组织、信用机构、合作社、非银行金融机构等。中国学者焦瑾璞（2019）认为，微型金融是指以低收入群体、微型企业为服务对象，向其提供贷款、储蓄、转账、租赁、保险等多种金融业务以及其他金融产品的金融形式。

可见，与小额信贷类似，微型金融的服务对象也是无法获得正式金融机构服务的低收入群体，主要是贫困人群和一些经济上脆弱的非贫困人群。与小额信贷不同的是，微型金融的服务内容比小额信贷宽泛，微型金融不仅提供小额信贷，而且还提供储蓄、保险和汇款等。所以，可将微型金融看作是小额信贷多样化和持续化的结果。

根据 2005 年"微型金融高峰会议运动"的数据显示，从 1997 年开始，微型金融的行业规模以 40% 的速度迅猛发展，从 1997 年的 618 家机构、1300 多万客户，发展到 2004 年底的 3000 家机构、8000 万名客户。[①]

世界银行扶贫协商小组 2004 年总结微型金融的 11 条基本原则：

1. 贫困人口需要多样化的金融服务，而不仅仅是信贷；

2. 微型金融是反贫困的一个有力工具；

3. 微型金融意味着建立为贫困人口服务的金融体系；

4. 微型金融可以做到自负盈亏，而且为了服务大规模的贫困人口，它必须自负盈亏；

5. 微型金融是建立永久性本土金融机构的过程；

6. 小额信贷是无法解决所有问题的；

7. 设定利息上限会使贫困人口更加难以获得贷款服务，最终伤害的还是穷人；

8. 政府的工作在于支持金融服务；

9. 慈善捐款应当是私人资本的补充，而不是其竞争者；

10. 微型金融的瓶颈是缺乏稳健的机构和管理者；

11. 微型金融只有在度量并披露其业绩的情况下才能发挥最大作用。

---

① 李波：《对微型金融的认识及发展建议》，《武汉金融》，2009 年 03 期，第 47~48 页。

第二节　普惠金融概述

一、普惠金融的概念

伴随着微型金融的发展，参与主体日益多样化，金融产品和服务不断丰富，使得人们意识到微型金融不应该只是主流金融体系的有益补充，而应该属于主流金融体系的重要组成部分。2005 年，联合国在推广 "2005 年国际小额信贷促进年" 活动时，提出要将微型金融整合到主流金融体系中，并提出 "为实现千年发展目标而建立普惠金融体系" 的口号。其所定义的普惠金融体系是 "一个能有效、全面地为社会所有阶层（特别是贫穷、低收入群体）提供服务的金融体系"。之后，在其 2006 年出版的《建设普惠金融体系蓝皮书》中提出普惠金融的内涵，认为普惠金融将以往被忽视的小微企业、城镇低收入群体和农村贫困人口都纳入普惠金融体系，让不同的机构分别为不同的客户群体提供差别化的金融服务和产品，让每个人都拥有平等获得金融服务的权利。

2006 年，世界银行扶贫协商小组也给出普惠金融体系的概念：普惠金融体系是通过各种渠道，为社会上任一阶层提供金融服务的体系，尤其是那些被传统金融体系排除在外的广大的贫困、低收入人群，向其提供包括储蓄、保险、信贷、信托等差别化金融服务，其核心是让所有人特别是金融弱势群体享受平等的金融权利。

由二十国集团成员、部分非二十国集团成员以及相关国际机构组成的普惠金融全球合作伙伴组织（GPFI，2011）将普惠金融定义为："所有处于工作年龄的成年人（包括目前被金融体系所排斥的人），都能够有效获得正规金融机构提供的以下金融服务：贷款、储蓄（广义概念，包括活期账户）、支付和保险。"其中，"有效获得"是指"消费者能够以可负担的成本获得，提供者能够持续供给的便捷、负责任的金融服务，使那些被排斥在金融服务之外和金融服务不足的消费者能够获得和使用正规金融服务"。

世界银行在其出版的《全球金融发展报告2014：普惠金融》中，将普惠金融定位为："使用金融服务的个人和企业的比例。"普惠金融绝不意味着不惜一切成本和代价让所有人都获得贷款。

中国人民银行和世界银行集团联合撰写了《全球视野下的中国普惠金融：实践、经验与挑战》（2018），该书提出的普惠金融的概念为：个人、小微企业（MSEs）能够获取和使用一系列合适的金融产品和服务，这些金融产品和服务对消费者而言便捷安全，对提供者而言商业可持续。

国务院在2015年颁布的《推进普惠金融发展规划（2016-2020年）》中基于中国的国情，认为普惠金融是指立足机会平等要求和商业可持续原则，以可负担的成本为有金融服务需求的社会各阶层和群体提供适当、有效的金融服务。

二、普惠金融的内涵

普惠金融强调社会所有阶层的居民都有获得金融服务的平等权利。普惠金融的"普"和"惠"高度概括了普惠金融的内涵[①]。

首先，"普"字代表普惠金融的受众范围，说明金融服务的普遍性，体现的是一种平等权利。即让所有人都有获得金融服务的机会，保证其能有效参与社会的经济发展中，进而完成全社会的共同富裕、

---

① 焦瑾璞：《普惠金融导论》，中国金融出版社，2019年3月版。

均衡发展的目标。其次，"惠"字，即惠民，指金融服务的目的就是便利金融的需求者，强调金融对所有阶层特别是农民、城镇低收入者等贫困弱势群体的支持，体现金融为改善人民生活水平及提高企业融资渠道发挥有效作用。

三、普惠金融的关键要素

中国人民银行和世界银行集团联合撰写的《全球视野下的中国普惠金融：实践、经验与挑战》定义和总结了普惠金融的四个关键要素——可得性、多样且适当的产品、商业可行性和可持续性以及安全和责任。

图1-5 普惠金融的四个关键要素

（一）可得性

普惠金融的关键驱动因素是消费者能以合理的成本获取较广泛的金融产品及金融服务。可得性意味着消费者在物理上可以通过各类服务设施或远程服务渠道［包括分支机构、代理点、自动取款机（ATM）或其他网点及设备］，便捷地获得一系列金融产品和服务。

在全球大部分国家，金融机构根据经济效益设置分支机构，消费者只能在金融服务提供者的实体网点接受金融服务。物理可得性的缺乏会对金融服务不足的群体带来高额的交易成本（如交通费用等直接成本，时间花费等间接成本）。在选择是否或如何参与正规金融体系时，消费者非常看重金融服务的可得性。金融服务可得性的提高不仅可以增加消费者对金融产品的使用，也能带来诸如增加收入、促进生产投资和就业等很多普惠金融产生的收益。

当然，随着数字技术的采用，大量的线下金融服务可以搬到线上开展，物理的可得性的重要性会有所下降。

（二）多样且适当的产品

发展普惠金融，必须合理设计一系列金融产品和服务，使之能够满足消费者的需求，特别是满足那些无法获得金融服务和获得服务不足群体的需求。合适的金融产品能够提高产品的获得率和使用率，让更多群体包括无法获得金融服务的群体及获得服务不足的群体有机会进入正规金融体系。相反，不合适的金融产品不利于产品的普遍接受和长期使用，可能给低收入群体带来损失。

合适的金融产品设计要求识别特定消费者群体的需求，并选择能够以合理的成本满足消费者需求的产品特性。金融产品的合适性或质量涉及很多方面。普惠金融中心（Center for Financial Inclusion）对"质量"的定义包括：可负担、便捷、产品匹配、安全、维护客户尊严，以及保护客户权益。其他的一些定义还包括适当、透明和客户价值。这些要素往往相互关联或有所交叉。

（三）商业可行性和可持续性

一个金融体系是否具有商业上的可行性和可持续性，对于普惠金融长远目标的实现至关重要。金融体系要具有商业可行性和可持续性，需要一个多元、竞争和创新的市场，具有强大的金融基础设施以及正确认识政府的作用。

（四）安全和责任

实现普惠金融的长期发展目标需要负责任地向消费者提供金融产品和服务，同时，普惠金融政策目标应当与金融稳定和市场诚信的政策目标相一致。总而言之，金融管理部门应当持续评估风险，在不同金融政策目标之间做好权衡取舍。

四、普惠金融的目标

国务院《推进普惠金融发展规划（2016-2020 年）》就普惠金融的发展提出总体目标：到 2020 年，建立与全面建成小康社会相适应的普惠金融服务和保障体系，有效提高金融服务可得性，明显增强人民群众对金融服务的获得感，显著提升金融服务满意度，满足人民群众日益增长的金融服务需求，特别是要让小微企业、农民、城镇低收入人群、贫困人群和残疾人、老年人等，及时获取价格合理、便捷安全的金融服务，使我国普惠金融发展水平居于国际中上游水平。

提高金融服务覆盖率。要基本实现乡乡有机构，村村有服务，乡镇一级基本实现银行物理网点和保险服务全覆盖，巩固助农取款服务村级覆盖网络，提高利用效率，推动行政村一级实现更多基础金融服务全覆盖。拓展城市社区金融服务广度和深度，显著改善城镇企业和居民金融服务的便利性。

提高金融服务可得性。大幅改善对城镇低收入人群、困难人群以及农村贫困人口、创业农民、创业大中专学生、残疾劳动者等初始创业者的金融支持，完善对特殊群体的无障碍金融服务。加大对新业态、新模式、新主体的金融支持。提高小微企业和农户贷款覆盖率。提高小微企业信用保险和贷款保证保险覆盖率，力争使农业保险参保农户覆盖率提升至 95% 以上。

提高金融服务满意度。有效提高各类金融工具的使用效率。进一步提高小微企业和农户申贷获得率和贷款满意度。提高小微企业、农户信用档案建档率。明显降低金融服务投诉率。

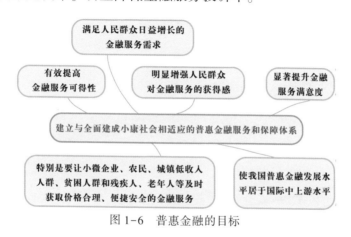

图 1-6　普惠金融的目标

五、普惠金融的基本原则

（一）《G20 创新性普惠金融原则》

二十国集团普惠金融专家组基于现有国家发展普惠金融业务的成功经验提出《G20 创新性普惠金融原则》。2010 年 5 月，G20 领导人多伦多峰会通过该原则。该原则鼓励政策行动者及国家层面的努力，从而促进金融服务的创新。《G20 创新性普惠金融原则》提出的 9 条原则分别为：

原则 1：领导。政府就发展普惠金融出台一项覆盖面广的承诺，以帮助缓解贫困。

原则2：多样性。采取相应的政策措施以促进竞争并提供基于市场的激励机制，这种激励机制有助于提供可持续的融资渠道、使用范围广泛且可负担的金融服务（包括储蓄、信贷、支付与转账、保险等），同时有助于提高金融服务提供者的多样性。

原则3：创新。促进技术和制度创新，以拓展金融体系的准入和使用，包括对金融基础设施脆弱性的评估。

原则4：保护。鼓励建立全面的消费者保护措施，能够界定政府、金融服务提供者、消费者的角色。

原则5：赋能。提高金融素养和金融能力。

原则6：合作。建立政府内部职责和协调职能清晰的制度环境，鼓励政府部门、企业以及其他利益相关者之间的合作与直接咨询。

原则7：知识。利用改进的数据制定基于证据的政策、衡量相关进展，推动监管者和金融服务提供者更多地使用"测试并学习"方法。

原则8：适当性。基于对当前监管中存在的差距和障碍的理解，建立与发展创新性产品和服务相适应的政策和监管框架。

原则9：框架。考虑建立反映国际标准、本国国情、为竞争格局提供支持的监管政策框架：灵活适当的且基于风险的反洗钱制度、便于客户进行反馈和交流的中介条件、对于电子存储价值清晰的监管制度、有助于实现长期大范围互联互通的基于市场的激励机制。

（二）《G20数字普惠金融高级原则》

近年来，随着科技与金融融合程度的加深，数字技术特别是互联网技术在普惠金融发展中所起到的作用越来越重要。在2010年《G20

创新性普惠金融原则》的基础上，G20下属的普惠金融全球合作伙伴（GPFI）在2016年将数字普惠金融列为重点议题，并起草《G20数字普惠金融高级原则》。2016年9月，G20领导人杭州峰会正式通过《G20数字普惠金融高级原则》，这是数字普惠金融领域首个国际高级别的指引性文件，目的在于使各国政府行动起来，注重利用数字技术促进普惠金融发展，并为各国根据自己的实际国情制定国别行动计划和倡议提供基础。《G20数字普惠金融高级原则》共有8项原则、66条行动建议，这8项原则分别是：

原则1：倡导利用数字技术推动普惠金融发展。促进数字金融服务成为推动包容性金融体系发展的重点，它包括采用协调一致、可监测和可评估的国家战略和行动计划。

原则2：平衡好数字普惠金融发展中的创新与风险。在实现数字普惠金融的过程中，平衡好鼓励创新与识别、评估、监测和管理新风险之间的关系。

原则3：构建恰当的数字普惠金融法律和监管框架。针对数字普惠金融，充分参考G20和国际标准制定机构的相关标准和指引，构建恰当的数字普惠金融法律和监管框架。

原则4：扩展数字金融服务基础设施生态系统。扩展数字金融服务生态系统，包括加快金融和信息通信基础设施建设，用安全、可信和低成本的方法为所有相关地域提供数字金融服务，尤其是农村和缺乏金融服务的地区。

原则5：采取负责任的数字金融措施保护消费者。创立一种综合性的消费者和数据保护方法，重点关注与数字金融服务相关的具体问题。

原则6：重视消费者数字技术基础知识和金融知识的普及。根据数字金融服务和渠道的特性、优势及风险，鼓励开展提升消费者数字技术基础知识和金融素养的项目并对项目开展评估。

原则7：促进数字金融服务的客户身份识别。通过开发客户身份识别系统，提高数字金融服务的可得性，该系统应可访问、可负担、可验证，并能适应以基于风险的方法开展客户尽职调查的各种需求和各种风险等级。

原则8：监测数字普惠金融进展。通过全面、可靠的数据测量评估系统来监测数字普惠金融的进展。该系统应利用新的数字数据来源，使利益相关者能够分析和监测数字金融服务的供给和需求，并能够评估核心项目和改革的影响。

（三）国务院《推进普惠金融发展规划（2016-2020年）》提出的基本原则

健全机制、持续发展。建立有利于普惠金融发展的体制机制，进一步加大对薄弱环节金融服务的政策支持，提高精准性与有效性，调节市场失灵，确保普惠金融业务持续发展和服务持续改善，实现社会效益与经济效益的有机统一。

机会平等、惠及民生。以增进民生福祉为目的，让所有阶层和群体能够以平等的机会、合理的价格享受到符合自身需求特点的金融服务。

市场主导、政府引导。正确处理政府与市场的关系，尊重市场规律，使市场在金融资源配置中发挥决定性作用。更好发挥政府在统筹规划、组织协调、均衡布局、政策扶持等方面的引导作用。

防范风险、推进创新。加强风险监管，保障金融安全，维护金融稳定。坚持监管和创新并行，加快建立适应普惠金融发展要求的法制规范和监管体系，提高金融监管有效性。在有效防范风险基础上，鼓励金融机构推进金融产品和服务方式创新，适度降低服务成本。对难点问题要坚持先试点，试点成熟后再推广。

统筹规划、因地制宜。从促进我国经济社会发展、城乡和区域平衡出发，加强顶层设计、统筹协调，优先解决欠发达地区、薄弱环节和特殊群体的金融服务问题，鼓励各部门、各地区结合实际，积极探索，先行先试，扎实推进，做到服水土、接地气、益大众。

六、普惠金融体系框架

世界银行在 2006 年构建了具有包容性的普惠金融体系框架，提出把为贫困群体提供的金融服务融合入金融体系的所有层面，这样就能使被传统金融体系排斥在外的群体有机会获得合理的金融服务。普惠金融体系框架包括宏观、中观、微观三个层面。其中，宏观层面包括适当的立法和政策框架；中观层面主要指的是能够保障普惠金融微观层面正常运作的金融基础设施和服务，包括支付和清算系统、征信体系、金融消费者权益保护和教育等；微观层面包括普惠金融的需求方和提供方。

图 1-7　普惠金融体系框架

七、普惠金融与小额信贷、微型金融的关系

为了缓解金融排斥，小额信贷、微型金融和普惠金融先后被提出来。

微型金融是在小额信贷的基础上发展的，是小额信贷多元化发展的结果。一是服务的客户范围更加广泛，从原先的贫困人群扩大到包括城市中的低收入者；二是业务范围更加广泛，不仅仅包括小额信贷，还包括储蓄、保险、信托等综合性金融服务；三是金融服务提供者更加多元化，不仅仅是小额信贷机构等非正规金融机构，还包括保险公司、商业银行、金融公司等正规金融机构。

普惠金融是微型金融的综合发展。普惠金融更强调体系的概念，旨在将一个个分散的微型金融机构和服务有机整合成为一个系统，将以小额信贷为核心的微型金融纳入主流金融体系中，从而使微型金融不再被边缘化，能够在任何经济主体有金融需求的时候为其提供合适的金融服务和产品。普惠金融在广度、深度和成本三个维度对微型金融进行了扩展[①]。在广度方面，普惠金融体系的服务对象不仅仅包括贫困人群，也包括小微企业等，覆盖面更广；在深度方面，普惠金融体系侧重帮助更偏远地区和更贫困人群平等地享受金融服务和产品；在成本方面，普惠金融体系将零散的金融机构整合在一起，能够有效降低各机构的交易成本。同时，各类新型金融机构的增设，让客户能够更便捷地获得相关金融服务和产品，降低了客户时间成本和经济成本。

八、普惠金融的服务对象

从国际经验来看，普惠金融的主要服务对象是被排斥在传统金融市场外、无法通过正常途径获得合理资源分配的企业或个人，具有以下共同特征：贫困、收入低、处于偏远地区、信用不高，因此，不能得到正规金融的服务。大多数个人与企业都能按时还款，具有信用，

---

① 焦瑾璞、陈瑾著：《建设中国普惠金融体系》，中国金融出版社，2009年11月版。

但难以获得银行的贷款；有收入来源支付保险金额，但难以得到保险公司的服务；希望能够安全地储蓄资金、积累财富，通过可靠的方式从事汇兑和收款。所以，他们需要普惠金融机构向其提供安全、便利、可持续、可负担的金融服务。

国务院《推进普惠金融发展规划（2016-2020 年）》指出，小微企业、农民、城镇低收入人群、贫困人群和残疾人、老年人等特殊群体，是当前我国普惠金融重点服务对象。2019 年中央一号文件要求银行业金融机构要把普惠金融重点放在乡村，切实提升服务乡村振兴能力，更好满足乡村振兴多样化金融需求。

图 1-8　普惠金融的重点服务对象

九、普惠金融的供给方

在普惠金融体系中，需要不同的金融服务提供者来满足不同阶层、不同类型客户的不同需求。目前，我国普惠金融的提供方包括银行业金融机构、保险业机构、新型农村金融机构以及金融科技公司等其他机构，这些机构各有特色并互为补充，共同成为我国普惠金融的重要参与主体，推动着我国普惠金融的发展。

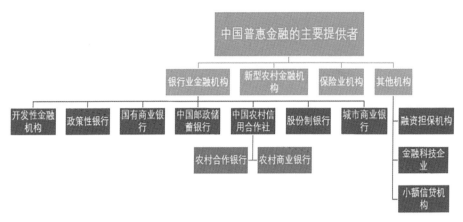

图 1-9　中国普惠金融的主要供给方

（一）银行业金融机构

在我国，提供普惠金融服务和产品的银行业金融机构包括开发性金融机构、政策性银行、国有商业银行、股份制商业银行、城市商业银行、中国邮政储蓄银行、中国农村信用社（包括农村商业银行）等。

截至 2021 年底，我国银行业金融机构包括 1 家开发性金融机构（国家开发银行）、2 家政策性银行（中国农业发展银行、中国进出口银行）、6 家国有大型商业银行、12 家股份制商业银行、128 家城市商业银行、1596 家农村商业银行、19 家民营银行、41 家外资法人银行、1 家住房储蓄银行、23 家农村合作银行、577 家农村信用社、1651 家村镇银行、39 家农村资金互助社、13 家贷款公司、68 家信托公司、5 家金融资产管理公司、71 家金融租赁公司、255 家企业集团财务公司、25 家汽车金融公司、30 家消费金融公司、6 家货币经纪公司、33 家其他金融机构，共有法人机构 4602 家。

（二）保险业金融机构

保险业也是普惠金融体系重要的组成部分。在我国，与普惠金融相关的保险业务主要包括农业保险、农村小额保险和信用保证保险等。农业保险业务主要由中国人民财产保险公司、太平洋财险等以及中原农业保险公司、国元农业保险公司等专业的农业保险公司提供，中国人保人寿、泰康人寿、新华人寿等公司率先推出小额保险业务。

（三）新型农村金融机构

2006 年开始，原中国银监会先后制定发布《村镇银行管理暂行规定》《贷款公司管理暂行规定》《农村资金互助社管理暂行规定》《关于小额贷款公司试点的指导意见》等相关政策，大幅放宽农村地区市场准入门槛，鼓励和引导符合条件的境内外金融资本、产业资本和民间资本在农村地区投资设立村镇银行、小额贷款公司和农村资金互助社等三类新型农村金融机构。

村镇银行是指经中国银行保险业监督管理委员会依据有关法律、法规批准，由境内外金融机构、境内非金融机构企业法人、境内自然人出资，在农村地区设立的主要为当地农民、农业和农村经济发展提供金融服务的银行业金融机构。2007 年 3 月，全国第一家村镇银行四川仪陇惠民村镇银行挂牌成立。2018 年 1 月，原中国银监会发布《关于开展投资管理型村镇银行和"多县一行"制村镇银行试点工作的通知》。2019 年 4 月，常熟农商银行成立首家投资管理型村镇银行兴福村镇银行。2018 年 9 月，在河北、山西、福建、黑龙江、内蒙古、广东、广西等 15 个中西部和老少边穷且村镇银行规划尚未全覆盖的省份开展"多县一行"试点。截至 2022 年底，全国村镇银行数量约 1600 家，占银行业金融机构总数的 36% 左右，村镇银行资产规模 2.22 万亿元，各项贷款 1.45 万亿元。村镇银行贷款中农户和小微企业贷款合计占比达 90.65%。

小额贷款公司是由自然人、企业法人与其他社会组织投资设立，不吸收公众存款，经营小额贷款业务的有限责任公司或股份有限公司。2005 年底，中国人民银行将山西、陕西、四川、贵州、内蒙古确定为实施小额信贷的试点地区，随后这些地区设立了山西平遥日升隆小额贷款公司、贵州江口华地小额贷款公司、四川广元全力小额贷款公司、内蒙古鄂尔多斯融丰小额贷款公司等 7 家小额贷款公司。根据中国人民银行的数据，截至 2023 年底，全国共有小贷公司 5500 家，实收资本 7205.26 亿元，贷款余额 7628.25 亿元；从业人员 48061 人。

农村资金互助社是指经银行业监督管理机构批准，由乡（镇）、行政村农民和农村小企业自愿入股组成，为社员提供存款、贷款、结算等业务的社区互助性银行业金融机构。农村资金互助社应在农村地区的乡（镇）和行政村以发起方式设立，实行社员民主管理，以服务社员为宗旨，谋求社员共同利益。2007 年 3 月 9 日，全国第一家农村资金互助社吉林省梨树县闫家村百信农村资金互助社成立。2011 年年底，原中国银监会在审批 49 家资金互助社后，暂缓审批资金互助社。截至 2023 年 6 月末，全国农村资金互助社共有 36 家。

（四）其他机构

融资担保机构，包括政策性融资担保机构和融资担保公司。其中，政策性融资担保机构包括全国农业信贷担保体系、国家融资担保基金以及地方性政府融资担保体系。

为了解决新型农业经营主体规模经营过程中凸显出来的"融资难""融资贵"难题，2015年，经国务院同意，将2015-2017年农业支持保护补贴中农资综合补贴资金20%的存量部分，加上种粮大户补贴试点资金和增量资金，作为注册资本金，成立全国农业信贷担保体系。国家层面上，2016年5月，组建国家农业信贷担保联盟有限责任公司，为省级机构分险增信，到位资本金100亿元。33个省、自治区、直辖市、计划单列市成立省级农业信贷担保公司、110多家分支机构，总注册资本金400亿元。截至2023年3月末，已形成上下联动、紧密可控、完整高效的"国家—省—市（县）"三级服务体系，自有市县级分支机构超过1100家，与超过1200家地方政府开展政担合作。全国农担体系累计担保金额超10872亿元，在保项目数123万个，在保余额3950亿元，占全国涉农融资担保余额近60%。农担业务已覆盖全国2701个县级行政区，其中，累计担保金额超过1亿元的县1764个，累计担保金额超过3亿元的县1009个，超过10亿元的县2350个。对全国1699个农业大县业务全覆盖，累计支持250万个担保项目，累计担保金额8100亿元。支持主体方面，家庭农场（包括种养大户）在保项目数115万个，在保余额3178亿元；农民专业合作社在保项目数2.4万个，在保余额187亿元，两类主体合计占比超80%，支持对象精准。从担保期限看，中长期贷款占比超过一半，达53%，有效满足了长周期产业的融资需求，并降低了贷款风险。2022年，全国农担体系新增项目平均担保费率0.5%，远低于市场化担保公司平均水平，平均综合融资成本5.6%。

2018年4月，国务院批准设立国家融资担保基金，2018年7月，基金完成工商注册，注册资本661亿元，首期出资166亿元全部到位，2018年9月26日正式运营。2018年9月至2019年2月，分两批与北京、江苏、浙江、安徽等17个省级担保再担保机构签署了再担保合作协议。之后，又与天津、山西、山东、福建、宁夏5个达成合作意向。与农行、中行等10个全国性商业银行签署"总对总"银担合作协议。截至2023年末，与融担基金直接建立合作关系的省级合作机构达到35家，除港澳台地区外，实现了省域合作全覆盖。合作体系内的融资担保机构达1500家，国家融资担保基金的再担保业务已覆盖2608个县区，累计完成再担保合作业务规模超过4.07亿元，担保户数超过374.11万户。2023年，新发生的再担保合作业务中支小支农业务规模占比为98.89%。再担保合作业务平均担保费率进一步降至0.68%。

各地政府也开始加快推进地方性政府融资担保体系的建设。比如，北京市设立100亿元的地方性融资担保基金；重庆市整合4家市属大型政府性融资担保机构及其控制的区县政府性融资担保机构，形成全市统一、规范的政府性融资担保体系；江苏省明确将构建以省级再担保机构为龙头、各市县政府性融资担保机构全覆盖、社会资本积极参与的融资担保体系，2021年底前实现政府性融资担保机构市县全覆盖，同时每年安排不低于3亿元设立省级融资担保代偿补偿资金池，聚焦金融资源支农支小主业；湖北省以省再担保集团为核心构建融资担保体系，推广"4321"型政银担风险分担模式，截至2023年末，在保项目达到14.6万笔，在保余额755.86亿元，其中，支小支农在保余额749.64亿元、占99.18%，单户500万元（含）以下的在保余额587.24亿元、占78.34%，支小支农主业突出。

第二章　数字普惠金融

第一节　数字普惠金融的发展背景与展望

一、传统普惠金融的发展困境

哈佛大学商学院的研究表明，世界上需要贷款的家庭大约有 6 亿户，而目前小额信贷仅覆盖25%，即 1.5 亿户的家庭，还有75%的家庭仍然无法满足需求，这个结果难以令人满意。传统普惠金融在发展过程中有以下难点：

第一，可获得性低、覆盖面不广。传统金融服务主要以线下的形式开展，容易受到时间与空间的限制，特别是贫困地区的基础金融设施不完善，客户无法随时随地获得所需的金融服务。同时，普惠金融的潜在客户通常具有缺乏抵押资产、金融素养差、收入稳定性不足等特征，传统银行提供普惠金融服务的意愿不高。

第二，可负担性差。传统银行在对客户提供服务时经常限定门槛，比如，购买理财产品的起购点、获取贷款需有资产抵押或良好的信用记录，金融服务的价格高，无法满足低收入者和部分中小企业的金融需求。

第三，商业可持续性不足。传统银行实现普惠的做法是线下网点高密度铺开，人工等营运成本高，很难同时保障银行经营的高效益和社会的高效益。若没有政府一定程度上的针对性补助，传统金融机构难以达到实现自身可持续发展的目的。

因为传统的普惠金融体系存在局限性，所以，普惠金融的发展需要寻求全新的商业模式。

图 2-1 传统普惠金融的难点

二、数字普惠金融的兴起

互联网技术的不断更新迭代，不仅为各个行业带来新的发展机遇，也为金融行业的发展带来新的生机与活力。互联网强大的信息处理能力、传播能力和极低的使用门槛，弥补了传统金融的不足，使得金融机构为弱势群体提供金融服务的成本显著减少，扩大了金融服务的覆盖面，使更多人能够更加便捷地享受到金融服务，使金融变得更加普惠。

普惠金融全球合作伙伴组织（GPFI）提出的数字普惠金融是指加强数字化科技手段在金融领域的运用，使其对普惠金融的发展起促进作用，其中包括运用数字化手段为缺少甚至是缺乏相关金融服务的相对弱势群体提供多样化、客户可负担、银行可持续发展的金融服务。数字普惠金融成了全球普惠金融的发展方向。数字普惠金融在2016年的G20杭州峰会上被列为重要议题，在该峰会上发布的《G20数字普惠金融高级原则》是国际普惠金融领域推出的首个高级别指引性文件。2017年，习近平总书记在全国金融工作会议上，明确提出中国普惠金融要朝数字化的方向发展。

三、数字普惠金融的展望

G20杭州峰会后，数字普惠金融在国际范围内的受关注程度明显提升。从国际的角度出发，不论是发展中国家，例如肯尼亚的M-Pe-sa移动支付业务、印度的Aadhar智能卡，还是发达国家，例如美国的PayPal（贝宝），数字普惠金融在促进一国的经济发展和金融服务普及化方面都起了至关重要的作用。数字经济（Digital Economy）、数字化社会（Digital Society）必将是未来发展的重要方向。2019年5月，国务院办公厅印发《数字乡村发展战略纲要》，指出要大力发展农村数字经济，强调农业农村科技创新供给。随着乡村振兴战略的实施，农村的生产、零售方式不断先进化、科技化，数字普惠金融将从简单地满足弱势人群的金融服务需求到全方位地满足区域性实体经济的需求发展。当前，中国的数字普惠金融发展正步入数字化阶段，将仍立足于农村和中小微企业面临的金融困境，更广、更深地应用数字技术。在未来的发展过程中，我国仍将持续推进普惠金融供给侧方面的转型升级，更好地将中国模式推进到世界的普惠金融发展中。

第二节　数字普惠金融的内涵

一、数字普惠金融的概念

2016 年，G20 普惠金融合作伙伴（GPFI）在其报告《全球标准制定机构与普惠金融——演变中的格局》中，提出数字普惠金融的概念，认为"数字普惠金融泛指一切通过使用数字金融服务以促进普惠金融的行动。包括运用数字技术为无法获得金融服务的群体提供一系列正规金融服务，其所提供的的金融服务能够满足他们的需求，并且是以负责任的、成本可负担的方式提供，同时对服务提供商而言是可持续的""数字普惠金融涵盖各类金融产品和服务（如支付、转账、储蓄、信贷、保险、证券、财务规划和银行对账单服务等），通过数字化或电子化技术进行交易，如电子货币（通过线上或者移动电话发起）、支付卡和常规银行账户"。《G20 数字普惠金融高级原则》采用了这一概念。

中国人民银行金融消费权益保护局数字普惠金融课题组（2019）认为，数字普惠金融具有共享、便捷、低成本、低门槛的特征，针对金融的组织架构、产品服务以及商业模式等方面进行持续不断地创新，扩大了提供金融服务的主体范围，拓展了金融服务的覆盖面，提升了市场竞争力，为纾解普惠金融领域内产生的多项困难提供了全新的思路和方法。

二、数字普惠金融发展的基础

(一) 数字普惠金融发展的理论基础

数字普惠金融发展的主要理论基础包括梅特卡夫定律、长尾理论、网络效应理论和数字经济理论。

梅特卡夫定律表明网络具有规模效应，即网络的使用者越多，网络的价值越大。

长尾理论兴起于网络时代。该理论指出，"长尾市场"虽然分散，但是总体规模大，而互联网技术的应用可以使经销商更好地顾及"长尾市场"，并从中获得与主流市场相匹敌甚至超过平均水平的收益。

网络效应理论认为，互联网经济对用户而言有正外部性，对企业而言具有边际收益递增效应。

数字经济理论发现，数字经济活动能够减少五大信息成本，即搜索成本、复制成本、传输成本、追踪成本和验证成本。数字普惠金融的可持续发展得益于上述五种成本的降低。

这些理论无不说明数字普惠金融发展的巨大潜能及可行性。

(二) 数字普惠金融发展的技术基础

1. 大数据与云计算

数据的处理分几个步骤：收集、传输、存储、处理和分析、检索和挖掘。当数据量很小时，很少的几台机器就能解决。当数据量越来越大，最强大的服务器都解决不了问题时，怎么办呢？我们手中的工具就是云计算。

云计算是分布式计算技术的一种，通过对计算资源、网络资源、存储资源三个方面进行管理，达到时间和空间的灵活性。云计算具有超大规模性、虚拟性、可靠性、通用性、廉价性、按需分配等特征，不仅拓宽了金融机构的能力边界，帮助金融机构实现规模经济效应，也帮助客户获得更高水平的金融服务，在促进经济发展、优化社会资源配置上发挥了重要作用。总体上，大数据与云计算的优势主要体现在以下几个方面：

第一，实现电子化服务，降低成本。一方面，云技术可以节省服务器等硬件的配置成本和 IT 运行、维修的人工成本；另一方面，云技术使金融机构能从业务需求出发，快速配置所需资源，简化烦琐的审批流程，并能够提供 24 小时不间断的服务，大大提升了客户体验。

第二，决策更具客观性、科学性。一方面，由于大数据决策具有客观性，避免人为因素对于决策的影响，有效解决了传统金融中的内部控制问题和道德风险；另一方面，相较于传统金融，利用大数据进行风险定价的数据来源更广泛，定价也更加精确。

第三，助推金融创新，实现业务变革。金融机构利用云服务，可以帮助企业建立资源平台，提升企业内外部资源和信息互通效率，更加高效地整合利用各种资源，为客户设计更加个性化、高效化的金融服务方案。

2. 移动互联网

移动互联网指的是人们利用智能移动终端（包括智能手机、平板电脑、电子书等），通过移动通信网络或者 Wi-Fi 等其他形式的无线网络，访问互联网，获取业务和服务的技术。

移动互联网主要具有以下两个优势：

第一，高便携性。对于移动设备（例如手机），人们一般都随身携带。这个特点决定了使用移动设备上网可以带来电脑上网无可比拟的便携性。有了移动互联网，客户可以足不出户，登录金融机构的移动终端办理业务。

第二，信息传播高效性。互联网出现之前，信息的传播是一点到多点，二次传播是一件非常难的事。移动互联网时代的信息传播已经是病毒式的，即从一点传播，很快进行多点发散。金融信息的高效传播，有利于金融机构获取潜在的客户群体以及更快地开展新业务。

3. 生物识别技术

生物识别技术，是利用人的身体特征来进行身份验证的识别技术，具有唯一性、不变性、可靠性、安全性、便捷性以及防伪性等特点。近年来的生物识别技术产品均借助计算机技术，很容易与其他系统进行整合管理。目前，比较普及的生物识别技术包括指纹、掌纹识别，人脸识别等。

（1）指纹、掌纹识别：指纹和掌纹识别技术，通过分析手指与手掌全局和局部特征，例如脊、谷、终点、分叉点或分歧点，再经过比对来确认身份，是目前最为成熟的生物识别技术。但是由于指纹和掌纹比较容易被捕获，并且在有破损或沾有异物的环境下，很可能会失效。因此，其单独应用的场景较少。在普惠金融领域，指纹、掌纹识别主要用于小额支付、个人终端解锁等安全性要求较低的领域，通常与密码验证联合使用。

（2）人脸识别：人脸识别是基于人的脸部特征进行身份识别的一种生物识别技术。如今，人脸识别技术已经非常成熟，国内产业链也趋于完善。人脸识别技术已被大量应用到银行业和证券业的远程开户、保险业的投保业务中，甚至可用远程视频柜员机（VTM）实现刷脸取款。

4. 人工智能

人工智能，俗称 AI，是通过计算机程序模拟、延伸和扩展人类智能的技术。与普通计算机程序相比，AI 技术对模糊信息的处理能力更强，并且拥有学习能力，能处理非线性问题。目前，人工智能在身份识别、评估风险、智能投顾、智能授信等领域被大量运用，大大提高了普惠金融的服务效率。

三、数字普惠金融的特点

数字普惠金融应用数字化技术，建立大数据风控体系，创新金融产品及服务模式，降低金融服务门槛，扩大金融服务的覆盖面，使原金融服务获得性低的人口都能以较低成本获得金融服务。具体来说，数字普惠金融有以下特点：

第一，数字普惠金融的可获得性更高。数字普惠金融主要采用人工智能、云计算、生物识别、移动互联网以及大数据等现代化数字技术，能够突破金融服务地理距离的局限性，大大提高了金融服务的可得性程度。客户所需的多样化金融服务，例如存取款、转账、信贷、保险购买、理财、征信查询等，均可通过现代化数字化交易平台获得。除此之外，众筹平台等普惠金融机构也为民间资金提供广阔的交易平台，使得"面对面"融资能够依托现代化网络以及移动通信技术得以实现，这将大大增加金融服务的供给，一定程度上提高了特殊人群、中小微企业以及农户等主体获得融资的效率和质量。

第二，数字普惠金融的服务覆盖范围更广。根据中国互联网络信息中心（CNNIC）发布的《中国互联网发展状况统计报告》数据显示，截至 2023 年 6 月，中国网民规模达 10.79 亿人，互联网普及率达 76.4%，其中农村地区网民规模达 3.01 亿人，互联网普及率为 60.5%；网民规模达 10.32 亿人。而数字普惠金融依托全天候覆盖全球的互联网，改变原有的服务提供方式，金融服务的提供充分利用现代化的技术手段，例如互联网平台、个人移动设备等，能够有效扩大金融服务的覆盖面，位置偏远、信息缺失的农村地区尤其受惠。

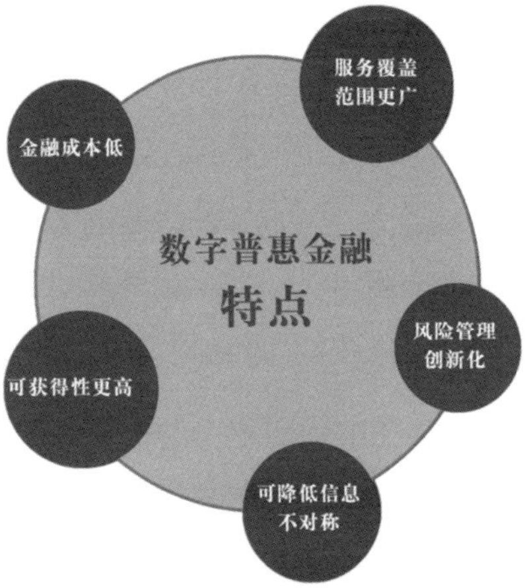

图 2-2　数字普惠金融的特点

第三，数字普惠金融的交易成本低。数字普惠金融的明显优势在于，其不受线下物理网点布设的限制，无须依赖传统的基础设施，整个金融服务交易过程都可以在互联网上完成，交易成本大约只有传统银行的 20%。金融机构的利润空间得以提高，因此也使得其商业可持续能力有所提升。普惠金融的客户也因此能以较低的成本和更高的效率获得金融服务，提高了客户的可负担性和体验感。

第四，数字普惠金融的风险管理创新化。针对个人用户以及组织用户的信用数据，数字普惠金融充分运用云计算、大数据、互联网等现代化技术手段进行搜集整理分析。例如，社交网络上的信息数据很容易被搜集整理获得，因此这也就成为腾讯征信数据的主要来源，利用日常生活中的支付、社交、游戏等环节，以互联网信息为基础，为相关用户建立征信报告。同理，大型电子商务平台（苏宁、阿里、京东等）则是以平台商户、供应商以及消费者等经济活动主体在平台上完成的交易数据以及退换货数据等信息为基础，构建征信数据库，从而对个人与企业信用等级的衡量起到积极作用，进一步缓解挖掘信息、人工审核以及风险管理成本高的难题。

第五，数字普惠金融可降低信息不对称。中小企业、农户等社会弱势群体大多缺乏信用记录或房产等其他有效抵押物、质押物，无法通过传统的技术获取信贷服务。而数字普惠金融在大数据和云计算的帮助下，可以记录、追溯、验证客户的资信状况，卓有成效地减少信息不对称现象。另外，利用数字化技术可以避免人为道德风险，加快征信体系建设，进而提升整个金融体系的风险控制能力。

四、数字普惠金融的供给方

目前，我国将数字普惠金融的供给方主要分为两类，一类是传统的商业银行，另一类则是新兴的互联网银行及第三方支付平台。

随着数字信息技术的不断突破，各商业银行也在不断地革新自身的经营模式，汲取互联网行业的经验教训，推动商业银行的数字化转型，积极探索数字普惠金融业务，推出各种各样的线上普惠产品。

近年来，传统商业银行在数字普惠金融的实践有以下几个方面：

一是近年来，传统商业银行的发卡总量持续增长。截至2021年末，全国人均持有6.55张银行卡，同比增长3.25%。农村地区银行卡发卡量39.2亿张，同比增长3.25%；全国共开立个人银行账户135.81亿户，同比增长8.99%，其中农村地区累计开立个人银行结算账户48.7亿户，同比增长2.74%，占全国累计开立个人银行结算账户总量的35.86%。

二是ATM机和POS机的持续普及化。截至2021年末，全国共有ATM机具694.78万台，较2020年末减少6.96%；联网POS机具3893.61万台，较2020年末增加1.50%；平均每万人拥有ATM机具6.71台，同比下降6.55%；平均每万人拥有联网POS机具275.63

台，同比增加 1.52%。

三是持续推广 NFC、二维码等数字技术，创新支付方式。例如，建设银行利用 NFC 技术推出"龙卡云支付"，农业银行为中高端客户推出"金易通宝"，中国银行填补跨境电商支付结算领域的空白，推出"中银跨境 e 商通"等。此外，各传统商业银行还积极完善手机银行、网上银行的功能。

四是积极扩大电子支付规模及普及率。调查显示，截至 2021 年末，超过 85% 的受访者使用了电子支付。2021 年银行业金融机构共处理网上支付业务 1022.78 亿笔，金额 2353.96 万亿元，同比分别增长 16.32% 和 8.25%；移动支付业务 1512.28 亿笔，金额 526.98 万亿元，同比分别增长 22.73% 和 21.94%。非银行支付机构处理网络支付业务 10283.22 亿笔，金额 355.46 万亿元，同比分别增长 24.30% 和 20.67%。2021 年，银行业金融机构共处理农村地区网上支付业务 111.3 亿笔，同比下降 6.31%；移动支付业务 173.7 亿笔，同比增长 22.2%。非银行支付机构共处理农村地区网络支付业务 5765.6 亿笔，同比增长 23.45%。

五是金融业务线上化。传统商业银行的实体网点逐步配置智能机、远程业务办理平台等智能化设备，将部分非现金业务引导至智能办理平台。传统商业银行在营业过程中也逐步注重手机银行、网上银行的业务引导率。另外，传统商业银行也渐渐致力发展数字化贷款产品，降低客户的贷款门槛及成本。

互联网银行及第三方支付平台是近年来新兴出现的，没有实体网点和柜台服务，主要利用数字技术发展普惠金融。互联网金融机构首先开创数字普惠的服务模式。近年来，银联、支付宝、微信支付、京东支付等第三方支付平台逐渐丰富其应用场景，从 B2C、C2C 等消费零售支付发展到充值缴费、投资理财、电影娱乐、酒店餐饮、医疗健康等功能。蚂蚁金服、苏宁金服、京东金融基于电商平台，开发例如"借呗""京东白条""京农贷""分期购"等普惠型小微信贷产品；微众银行等互联网银行基于社交平台、门户网站开展普惠金融服务，向市场投放例如"微米粒"等普惠性小微信贷产品。

案例：互联网银行

1. 微众银行①：深圳前海微众银行，是我国首家互联网民营银行，于 2014 年 12 月底正式上线。深圳前海微众银行利用互联网平台开展业务，以"普惠金融"为概念，主要面对个人或企业的小微贷款需求，提供高效和差异化的金融服务。微众银行已经与大约 20 家金融机构构成合作关系，并推出联合贷款项目。在每天新发放的"微粒贷"贷款中，有超八成的贷款资金来自于合作银行。

2. 网商银行②：浙江网商银行是由蚂蚁金服旗下的纯互联网运营的商业银行，于 2015 年 6 月 25 日正式开业。网商银行以服务小微企业、支持实体经济、践行普惠金融为使命。2021 年底，网商银行的资产总额 4258.3 亿元，净利润 20.9 亿元，不良贷款率 1.53%。截至 2021 年末，网商银行已累计服务小微企业和个人经营者 4553 万户，服务群体包括电商、码商、供应链商家、经营性农户等。70% 的小微经营者平均贷款期限为 3 个月以内。2021 年，网商银行陆续与 18 个省市的融资担保公司开展合作，与 29 个省级税务局合作，通过"银税互动"累计服务 200 万小微客户。

五、数字普惠金融的监管

目前，我国现有的监管模式主要是对银行、证券和保险公司的分

---

① 数据来源：微众银行官网。
② 数据来源：网商银行 2021 年报。

业监管模式，对数字普惠金融的监管还存在空白区域。加之，数字普惠金融交易平台打破了行业和地理的限制，监管机构难以对其进行区域性的监管。由于监管的不及时和不合理，导致许多金融违规现象的发生，例如许多 P2P 平台"无证经营"（现已被全面取缔）。在数字金融快速发展的今天，若无法有效地进行风险管控，将涉及整个金融行业的稳定。因此，保证数字普惠金融持续性发展的措施中，加强监管是需要进行重点关注的议题。

1. 完善政策监管，保护消费者权益

目前，我国没有专门针对数字普惠金融的法律法规，各个金融机构虽有配备客户投诉平台，但其对消费者权益的维护效果甚微。因此，要想充分规范数字普惠金融的发展，保护消费者权益，一方面，要出台与数字普惠金融相关的法律法规，对破坏金融市场的事件依法严厉打击。另一方面，要加强数字普惠金融的信息披露制度，增加普惠金融运营的透明度。

2. 加强征信数据平台建设

目前，我国的征信体制尚不完善，许多银行体系以外的信用信息没有被纳入征信系统。可以利用不同部门、不同渠道（例如微信、支付宝）掌握的数字金融数据，对各类信用信息进行全方位的整合管理，建立全国统一的数字普惠金融征信数据平台。

3. 加强数字普惠金融素养

一方面，要加强对金融从业人员的职业道德观教育，将外在的道德约束变为其自身的职业道德观念，给客户提供更优质的服务。另一方面，要提升消费者的数字金融知识素养。可以通过电视、报纸、手机、宣传栏等多种宣传手段对消费者进行数字金融知识的普及，对典型的金融诈骗案件要进行大力宣传，避免诸如 e 租宝、校园贷的事件发生，提高消费者自我保护意识。

第三节　数字普惠金融的具体应用

一、数字化支付体系

"无支付，无金融"，即是形容支付对于金融服务的基础性。为顺利实现支付，金融机构和其他相关机构建立起的关于债权、债务结算和清算的金融服务统称为支付体系，是当前最重要的金融基础设施之一。同样，数字普惠金融的起点和基础也是支付，而数字化支付显然是数字技术促进普惠金融的发展中重要的一个领域。数字化支付可分为两类：一是传统银行等金融机构提供的数字化支付应用；二是由第三方支付机构提供的数字化支付应用。

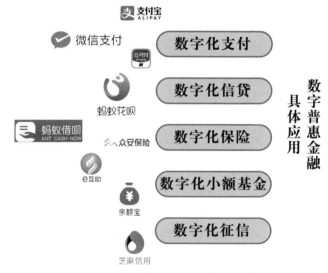

图 2-3　数字普惠金融的具体应用

1. 传统金融机构的数字化支付

除了传统的 POS 机进行银行卡收单之外，银联和各大银行也在积极创新各种支付模式，开启 NFC 功能，采用二维码等数字技术。近年来，银联已经推出"云闪付"，各大商行也在不断优化、丰富手机银行功能，推出各种收付款码。通过金融机构的移动终端，客户可以实现账户查询、转账汇款、办理理财、生活缴费（如水电费、通信费等）、购物消费等。

2. 第三方支付

第三方支付是非银行机构与银行签约后推出的有信誉保障能力的支付平台，比如支付宝等。我国第三方支付市场主要包含4种商业模式：接入费用模式、服务费用模式、交易佣金模式、综合服务收费模式。第三方支付的应用场景正在不断拓展，目前第三方支付在零售消费、充值缴费、旅游电商、金融理财、电影娱乐等诸多场景逐渐普及。

案例：数字化支付

1. 支付宝[①]：支付宝是蚂蚁集团旗下的第三方支付平台，其功能包括扫码收付款、转账、话费充值、生活缴费等。此外，支付宝还配备一些公众服务平台、购物导航等端口，已经从支付工具成长为一站式的数字生活平台。目前，支付宝钱包已拥有超过 10 亿用户，超8000 万商家及超 2000 家合作金融机构。在数字化支付基础上，支付宝推出余额宝、芝麻信用、蚂蚁花呗、借呗等业务。

2. 微信支付：微信支付是由腾讯的微信及其旗下第三方支付平台财付通共同推出的数字化支付产品。用户可以通过微信直接给通讯录好友发红包、转账，还可以通过微信支付购买合作商家的商品及服务。微信支付平台在支付服务的基础上，相继推出包括消费服务、理财服务、生活服务和资金服务在内的其他服务。微信支付崛起于 2015年春节，在春晚这个强大媒体的引导下，借助红包大战成功地提高了

---

① 数据来源：蚂蚁集团招股说明书。

市场份额，一举成为中国第三方移动支付的巨头。

3. 云闪付①：云闪付是在中国人民银行的指导下，由银联与各商行、各产业共建共享，集收付款、享优惠、卡管理三大核心功能移动支付平台，于 2017 年 12 月 11 日正式发布。消费者通过云闪付 APP 可绑定和管理各类银行账户，并使用各家银行的移动支付服务及优惠权益。在云闪付平台上，人们可以转账、查询银行卡余额、信用卡免手续费还款、理财、生活缴费、购物以及城乡医保缴费、社保缴费等其他公共事业缴费。截至 2021 年末，云闪付用户突破 4.6 亿。目前，全国近 70 万家超市便利店、260 多个城市的高校、企事业食堂、800 多个城市的菜市场开通云闪付扫码付款。

二、数字化信贷

1. 数字化信贷发展历程

数字技术对银行业的渗透可以分为三个阶段。

第一阶段：传统银行渠道的数字化。早在 2000 年，各家银行就陆续推出个人/企业网上银行、B2C 网上支付系统、手机银行等一系列基于数字技术的银行业务。但由于当时互联网的普及程度较低，传统银行的网银业务仅停留在初级阶段，用户数量和资金规模较小。

第二阶段：数字化信贷加速发展。在这一阶段，互联网技术、电子商务得到迅速发展，越来越多的互联网公司相继涉足第三方支付、网络借贷等金融业务，一些 P2P 平台，如"拍拍贷"的成立掀起互联网金融的大潮。互联网公司开始寻求和传统商业银行的合作。

第三阶段：2007 年，阿里集团与中国建设银行合作，推出网络联保贷款产品"e 贷通"，开启助贷模式。互联网公司涉足金融业务也

---

① 数据来源：云闪付官网。

给传统银行业带来极大的冲击，促使传统银行更快地迈向数字化运营模式，开始逐渐开展数字化信贷业务。目前，大多数传统银行已经建立完善的网上银行、手机银行和微信银行，为客户提供支付、信贷、消费、理财等综合性服务。这一阶段开始出现微众银行、网商银行等互联网银行。

2. 数字化商业银行对普惠金融的促进作用

首先，数字化商业银行降低金融服务的成本，提高金融服务的可得性。一方面，互联网可以突破物理地域限制，使人们足不出户就能实现金融业务。另一方面，在提供服务时，数字化经营的边际成本远低于线下经营的边际成本，降低了金融参与门槛，吸引大量的客户和资金规模，实现供需双方的共赢，形成良好的规模经济效益。

其次，数字化商业银行对小微企业具有促进作用。一方面，贷款流程的线上化降低了对线下信贷员的依赖，促使金融机构全面地披露贷款条约，减少信息不对称现象；中、后台依靠大数据的审核方法能在很大程度上提高贷款审核的科学性和发放效率。另一方面，中小微企业多缺乏抵押、质押资产，在数字时代下，金融机构可以借助小微企业多维度的数据，较准确地评估小微企业的信用状况，使小微企业的贷款获得率更高，从而在一定程度上改善小微企业融资难的问题。

案例：数字化信贷产品

1. 惠农 e 贷：惠农 e 贷是中国农业银行依托互联网大数据技术，线上线下相结合、系统自动审查审批的方式发放贷款。惠农 e 贷实行优惠利率，具体利率根据借款人的信用状况、担保方式等情况综合确定。惠农 e 贷的额度可循环使用、随借随还，按实际使用天数计息，起点额度 3000 元。贷款额可用于农业生产经营和消费，是一款专门为农民设计的一款线上化、批量化、便捷化、普惠化的贷款产品。

2. 中银 e 贷·京东贷：中银 e 贷·京东贷是中国银行与京东数字科技联合开发的线上贷款产品。中银 e 贷·京东贷纯线上申请，无需担保物，授信额度可循环使用，随借随还并按日计息。客户既可以通过中国银行的手机银行或网上银行客户端申请，也可通过京东 APP 申请。中银 e 贷·京东贷的贷款额仅可用于日常消费，不可用于购房、投资及其他无指定用途的个人支出。

3. 借呗：借呗是阿里集团在支付宝平台上推出的线上贷款产品，由芝麻信用分决定贷款额度，最低额度 1000 元，最高额度 30 万元。申请门槛是芝麻信用分 600 以上。借呗的贷款日利率为 0.045%，贷款最长期限为 12 个月。借呗可随借随还，按日计息，额度将根据芝麻信用分的变化进行调整。

三、数字化保险

1. 数字化保险发展历程

大体上来看，我国保险数字化的发展历程有四个阶段。第一阶段：萌芽期。中国第一个面向保险市场和保险公司内部信息化管理需求的专业中文网站——互联网保险公司信息网诞生。2000 年下半年，太保、平安和泰康人寿等也相继开通了自己的保险网站。第二阶段：探索期。一批定位于保险中介和保险信息服务的保险网站开始涌现。在这个阶段，数字化保险公司的战略价值还没有完全得到体现，电子商务保费规模依旧较小，在政策层面也缺少产业政策的扶持。第三阶段：全面发展期。保险公司逐步发展出多样化的互联网保险模式，包括官方门户网站、离线商务平台、第三方电子商务平台以及保险超市等形式。第四阶段：爆发期。电子商务、移动支付的快速发展提供了基础受理环境以及用户基础，对未来的保险行业数字化行动起到推进的作用，互联网保险牌照开始逐步放开。

2. 数字化保险对普惠金融的促进作用

首先，保险产品的变革。传统的线下商业保险模式经营成本高，无法根据不同种类的客户设计不同险种，顾及一些小众的普惠险种。保险行业数字化有利于促使消费者特别是普惠金融目标人群释放保险需求。

其次，保险定价的变革。保险定价依赖大量数据的积累和保险精算模型，而数字技术在获取多维度的大数据方面有着得天独厚的优势。这些数据不仅能降低保险公司的数据搜集成本，还能帮助保险公司降低与投保人之间的信息不对称程度，更好地识别保险风险，从而对保险产品更加精准地定价。

最后，销售渠道的变革。相较于传统的保险销售渠道，互联网渠道能更好地突破时间和空间的限制，给消费者提供更便捷的保险购买方式，降低了消费者的时间成本，提高了购买效率。此外，场景类平台、电商类平台对于向普惠金融目标人群宣传推介保险产品起到重要的作用，有利于客户更进一步地了解保险产品和释放保险需求。

案例：数字化保险

1. 众安保险①：众安保险是我国首家互联网保险公司，由蚂蚁金服、中国平安、腾讯集团等于 2013 年 11 月联合发起设立。众安保险的企业文化价值观为"简单、快速、突破、共赢"，已实现互联网化、场景化、开放平台化的业务模式。目前，众安保险累计服务用户数已达 4.8 亿，累计保单量 80 亿，理赔自动化率 95%。

2. e 互助②：e 互助是基于互联网技术且独立于商业保险和公益事

---

① 数据来源：众安保险官网。

② 数据来源：e 互助官网。

业之外的互助模式平台，隶属美国纳斯达克上市公司 Fanhua Inc，成立于 2014 年 7 月。e 互助是我国首家大型、公开、透明的预防未来风险的网络互助平台，强调保障功能和公益互助模式。入会需提交真实身份信息和 9 元互助资金，互助平台资金全程委托银行托管，互助金直达申请人账户。目前会员人数达 350 万人，成功案例数 3810 例。

四、数字化小额基金

1. 数字化基金发展历程

总体上看，基金行业的数字化一共有两个阶段。第一阶段：萌芽期。在这个阶段，主要是销售渠道的变革。基金公司主要通过官方网站及第三方销售平台实现基金产品的网上销售。在余额宝出现以前，发展一直比较温和，基金公司还未将普惠金融目标人群作为重点关注对象。第二阶段：快速发展期。2013 年 6 月，支付宝与天弘基金公司联合开通余额宝功能，直销互联网基金，短短两个月，基金规模超 200 亿元。余额宝的出现使得人们对这种互联网理财行为逐渐产生认可和期待，特别是带动了普惠金融目标人群线上理财的热情，为基金行业数字化奠定了良好的客户基础。

2. 数字化基金对普惠金融的促进作用

首先，降低了投资门槛。在传统基金销售体系下，基金产品投资门槛高，可供低净值客户选择的产品有限。相对于高净值客户，低净值客户只能享受到有限的投资理财服务，不能很好地发挥普惠功效。数字化基金产品普遍面向的是低净值客户群体，突破地域限制，以较低的成本为以往未能被服务到的群体提供专业的基金服务。

其次，改变普惠金融目标人群的财富管理习惯。在数字化小额基金出现以前，普惠金融目标人群（特别是农村地区居民）很少有投资理财概念。而数字化小额基金的出现极大降低了投资门槛，使得普惠金融目标人群通过互联网、移动端等就能便捷地购买基金产品，享受以往大资金才能享受的收益率水平，有利于普惠金融目标人群更好地实现财富的保值、增值。

最后，极强的流动性。数字化小额基金的流动性远高于传统基金。数字化小额基金产品投资期限灵活，有些产品可以随存随取，并且打通"资产"和"货币"场景应用的界限，提供多用途、多场景应用，这对于服务普惠金融目标人群具有重要的意义。

案例：数字化基金

1. 余额宝：余额宝是蚂蚁集团于 2013 年 6 月与天弘基金共同推出的一款余额增值服务和活期资金管理服务产品，最低投资门槛为 1 分，随存随取，可实现碎片化理财，2019 年的平均年化收益率为 2.1% 左右，效益远高于银行活期存款。余额宝的账户余额可直接用于购物支付，偿还花呗等，极大方便了人们的日常生活。

2. 零钱通：零钱通是由腾讯集团于 2018 年 11 月与易方达基金在微信 APP 上联合推出的一款货币基金，由易方达基金管理，微信的理财通作为销售信息服务平台。与余额宝类似，零钱通的最低投资门槛为 1 分，随存随取，2020 年 12 月的平均年化利率为 2.3% 左右。零钱通余额可直接用于微信红包、转账及其他可用微信支付的消费。

五、数字化征信

征信体系是普惠金融发展的重要基础设施，发达的征信体系有助于解决信息不对称问题，形成良好的约束激励机制，提高融资便利性，促进信用消费，从而提高普惠金融的发展水平。传统的个人征信数据主要来自个人基本情况、传统金融机构借贷记录和公共信息，较为单一。"数字技术+大数据"有利于扩展征信信息来源和多样性，为没有信贷记录的群体逐步建立信用档案，与普惠金融场景相结合，提供差异化和场景化的征信产品和服务。

民营征信公司充分利用数字技术，将中国人民银行征信中心的传统征信数据和互联网平台的数据相结合，准确、及时地刻画征信客户"画像"，同时降低服务成本，根据需求对生活场景和金融场景有不同的侧重，提升服务效率。与此同时，互联网技术也降低了欺诈和犯罪的成本。近几年，各类金融欺诈事件持续发生，普惠金融客户成为最大的受害者。因此，加强反欺诈和数据保护已经成为数字化金融机构要面对的首要挑战。

案例：芝麻信用

芝麻信用是蚂蚁金服集团旗下的征信机构，依托线上购物数据、金融数据、公共机构数据、合作伙伴数据以及各种用户自主信息提交，为客户提供信用评价服务，其信用评价结果为芝麻信用分。芝麻信用更多的布局在生活应用场景，包括租车、酒店、旅行、签证、婚恋等领域，解决商户与个人之间、个人与个人之间的信任问题，使普通的老百姓感受信用的价值和作用，在日后的生活中注重培养信用意识，有助于在全社会传播信用文化。此外，芝麻信用增加普惠金融供给，通过芝麻评分使用蚂蚁花呗、借呗等让本来无法享受金融借贷服务的人能够获得小额信贷。

第三章　中国普惠金融实践

第一节　中国普惠金融发展状况

党中央、国务院高度重视普惠金融的发展，2013 年党的十八届三中全会通过的《中共中央关于全面深化改革若干重大问题的决定》中正式提出"发展普惠金融"。2016 年 1 月，国务院正式印发《推进普惠金融发展规划（2016—2020 年）》，确立推进普惠金融发展的基本原则和发展目标，首次把发展普惠金融提到国家战略的高度。通过中国政府、市场机构和广大人民群众的齐心协力、砥砺前行，中国普惠金融取得良好开局。"中国在普惠金融方面已经取得巨大的进步"，账户拥有率、数字支付使用率、储蓄参与率、借贷参与率等指标高于全球平均水平和中高收入经济体平均值，总体上，中国普惠金融水平在全球居中上水平。

一、基础金融服务的可得性大大提高

通过物理机具和电子机具等终端、移动互联技术以及便民支付点、普惠金融服务站、助农取款服务点等代理模式，进一步扩大了基础金融服务覆盖面。中国金融部门的物理可得性（包括分支机构、ATM 和代理机构）与二十国集团高收入国家的中位数大致相当，明显高于二十国集团中等收入国家及两个大型中等收入国家组的中位

数。近年来，随着科技手段的快速发展以及非现金支付技术的普及，商业银行投放的传统 ATM 机具总数呈现总体下降趋势，而新型智能 ATM 机具数量以及其占总机具数量的比例不断增加。截至 2021 年末，我国每万人拥有 ATM 机 6.71 台，同比下降 6.55%；平均每万人拥有联网 POS 机具 275.63 台，同比增加 1.52%；全国乡镇银行业金融机构覆盖率为 98.17%，平均每万人拥有银行网点 1.55 个，行政村基础支付服务覆盖率达 99.6%。全国乡镇基本实现保险服务全覆盖，其中，农业保险覆盖面与农业保险收入有明显的扩大与增长。2021 年，全国农业保险保费收入 976.02 亿元，同比增长 19.77%。

二、薄弱领域金融可得性进一步提升

第一，小微企业融资额不断提升。全国各地、各金融机构不断推出普惠小微服务的创新方式，持续提升小微企业信贷可得性，主要通过普惠型小微企业贷款（单户授信总额 1000 万元及以下的小微企业贷款）、信用保险和贷款保证保险、新三板等多样化途径，对小微企业的融资可得性进行效率的提升以及覆盖面的扩大，充分缓解小微企业融资难题。截至 2021 年末，全国支小再贷款余额 12351 亿元；全国普惠小微贷款余额、授信户数分别为 19.2 万亿元、4456 万户，同比分别增长 27.3%、38.0%；普惠小微信用贷款占比也有所提升，2021 年普惠小微贷款中信用贷款占比为 18.1%，比上年末高 2.7 个百分点。

第二，"三农"领域金融支持力度不断加大。主要通过普惠型涉农贷款、农业保险风险保障等途径，使全国涉农贷款余额不断上升，增速高于各项贷款平均增速。截至 2021 年末，全国支农再贷款余额 4967 亿元；全国涉农贷款余额 43.2 万亿元，同比增长 10.9%；农户信用贷款比例明显上升，截至 2021 年末，农户信用贷款比例为 21.4%，比上年末高 2.4 个百分点。此外，农业保险覆盖面与农业保险收入有明显的扩大与增长，2021 年，全国农业保险保费收入 976.02 亿元，同比增长 19.77%。此外，在央行发布的《关于金融支持巩固拓展脱贫攻坚成果全面推进乡村振兴的意见》中强调积极鼓励金融机构依法合规开展保单、仓单、应收账款、圈舍、养殖设施等抵押质押贷款业务等举措，以此来拓宽农村资产抵押质押物范围，从而有效纾解农民贷款难贷款贵等重点难题。比如，宁夏回族自治区实施"信贷助农、信用助农、金融科技助农、基础金融服务助农"四大行动，全面优化提升农村金融服务。

第三，金融助力脱贫攻坚成效显著。通过产业精准扶贫贷款等，加大深度贫困县各项贷款增速，带动建档立卡贫困人口脱贫。截至 2021 年末，全国扶贫再贷款余额 1750 亿元；全国脱贫人口贷款余额 9141 亿元，同比增长 16%，全年增加 1260 亿元；脱贫人口贷款覆盖面达 28.2%，比 2020 年末高 0.4 个百分点。比如，四川省深入推进巩固拓展脱贫攻坚成果同乡村振兴有效衔接，中国人民银行成都分行在过渡期内落实扶贫再贷款"应延尽延"，并适度向乡村振兴重点帮扶县和"三区三州"倾斜；山西省大同市发展"黄花金融"。

案例：福建农信金融扶贫"1550"工程[①]

为助力决胜脱贫攻坚，福建农信在贫困地区全面实施金融扶贫"1550"工程，即在宁德创建金融扶贫示范区，在永泰、平和、长汀、清流、光泽等 5 个省级扶贫开发重点县创建金融扶贫示范县，在全省贫困地区创建 50 个金融扶贫示范点，培育一系列可复制、易推广、能持续的扶贫经验和做法。福建农信通过在贫困地区全面实施

---

① 资料来源：福建农信社。

"1550"工程，有效实现金融扶贫"五个全省第一"，即扶贫开发重点县贷款发放量、贫困户信用建档覆盖面（建档立卡贫困户100%全覆盖）、建档立卡贫困户贷款发放量、贫困户贷款户数、示范基地（项目）创建数全省第一。该项工程荣获福建金融改革开放最具影响力40件大事之一。其主要做法是：

一是依托宁德农信金融扶贫示范区开展滴水穿石的"精准扶贫实践"。2016年10月，宁德农信量身打造集资金、生产和销售服务于一体的精准扶贫卡，为贫困户提供免担保、免年费、利率优惠、联盟商户折扣等多重服务。2017年3月，组建了一支近千人的"垄上行"金融服务队，背包下乡、走村串户，把扶贫金融服务送到百姓家门。其中，推行的"551"服务模式得到社会各界的赞许，即：运用5种金融服务必需用品（一个背包、一台PAD、一本日志、一份台账、一套宣传册），提供5项服务（普及金融知识、建立客户档案、收集信贷需求、受理业务申请、现场自助办贷），实现1个目标（把银行服务柜台搬到村民家中）。

二是打造特色鲜明的"扶贫样本"。永泰、平和、长汀、清流、光泽等5个金融扶贫示范县因地制宜推出富有特色的扶贫金融服务。如与京东集团合力打造"金融+电商"扶贫便民点，推行以"党支部+合作社+基地+党员+农户（贫困户）"为代表的"1+N"金融扶贫贷款模式。其中，福建农信电商扶贫平台等多个扶贫项目在团省委举办的"青春扶贫"创业大赛中获奖。

三是推动金融扶贫"星火燎原"。依托扶贫开发重点村、扶贫项目、龙头企业、专业合作社创建的50个金融扶贫示范点，带动贫困户、贫困村发展致富。

三、金融服务效率和质量明显提高

第一，基础账户和银行卡的普及率极大提高。目前，我国人均拥有的银行账户数和持卡量均处于发展中国家领先水平。截至 2021 年末，全国人均拥有 9.61 个银行账户，同比增长 8.88%；人均持有 6.55 张银行卡，同比增长 3.25%；人均持有信用卡和借贷合一卡 0.57 张，同比增长 2.97%。第二，小微企业、个体工商户支付服务明显改善，小微企业开户流程持续优化，开户时间缩减为 1-3 天。第三，非现金支付和电子支付业务量平稳增长。2021 年，全国银行共办理非现金支付业务笔数和金额同比分别增长 23.90% 和 10.03%；非银行支付机构发生网络支付业务笔数和金额同比分别增长 24.30% 和 20.67%。第四，贷款利率持续下降。2021 年，全年新发放的普惠型小微企业贷款加权平均利率为 4.93%，比 2020 年下降 0.22 个百分点，降幅较企业贷款利率整体降幅多降 0.12 个百分点。2021 年，中国人民银行下调支农支小再贷款利率 0.25 个百分点，与 LPR 改革形成合力，共同促进了小微企业综合融资成本的减少。第五，金融消费者的金融素养持续提升，金融消费纠纷处理质效不断提升。

第二节　中国普惠金融发展举措

一、发展多层次普惠金融体系

1. 大中型商业银行建立普惠金融事业部等专营机构

工农中建交 5 家大型商业银行在总行和全部 185 家一级分行成立普惠金融事业部，10 家股份制银行设立普惠金融事业部或专职开展普惠金融业务的部门及中心。部分城市商业银行也成立类似的部门。

同时，中国民生银行、上海浦东发展银行、交通银行等多家商业银行通过设立特色支行（包括社区支行、小微支行、科技支行等）、代理机构、流动服务点和自助服务点等，不断向偏远地区和农村地区拓展物理服务网络。

2. 地方法人机构回归普惠金融业务本源

农村中小金融机构回归普惠金融业务本源，下沉经营管理和服务重心，向县域和农村延伸服务触角，充分发挥地缘、人缘优势，服务当地、服务社区、服务基层。

3. 保险公司发挥普惠金融保障作用

支持保险公司开展支农支小金融服务，大力发展农业保险、小额人身保险、小额贷款保证保险，推进保险普惠金融重点领域的专业化体制机制建设，推动小微企业信用保证保险发展；依法合规稳妥推进保险资金支农支小融资业务试点，为小微企业和农业企业提供"保险+融资"综合金融服务。

4. 发挥多层次资本市场服务功能

逐步完善新三板关于普通股、优先股等融资工具的直接融资体系。推进区域性股权市场进一步规范发展，稳步扩大创新创业公司债券发行试点规模，稳步发展供应链金融资产证券化产品，提高小微企业资金周转效率。积极支持期货交易所研究开发各类符合实体经济发展需求的农产品期货、期权品种，2019年2月修订并发布《期货公司分类监管规定》，将期货公司"保险+期货"开展情况纳入评价规则体系。

5. 发挥各类新型机构的补充作用

推动金融租赁公司创新租赁模式，通过厂商租赁、"知识产权+租赁""生产性生物资产+租赁"等方式开展小微企业租赁业务。引导消费金融公司发挥"小、快、灵"的优势，合理满足城乡居民消费金融需求。引导小贷公司回归本源，立足主业，坚持"流动、分散"原则，更好满足小微企业和三农等领域的融资需求。

二、创新普惠金融产品

1. 创新推出小微企业无还本续贷业务

2018年8月11日，银保监会发布《加强监管引领　打通货币政策传导机制提高金融服务实体经济水平》文件，明确提出，对于小微企业要落实无还本续贷。各商业银行创新推出"转期贷""年审贷""周转贷"等续贷产品。

案例：泉州银行的"无间贷"[①]

福建泉州银行在"泉州金改区"建设的背景下，创新小微企业还款方式，于2013年创新推出无还本续贷业务——"无间贷"。

"无间贷"是指符合泉州银行规定门槛条件的小微企业，在原流动资金贷款到期前向银行提出申请，经泉州银行审查通过后，无须归还贷款本金，即可享受贷款自动续期的做法。"无间贷"很大程度上解决了企业贷款期限与实际经营周期不匹配的问题。

泉州银行"无间贷"做法如下：

一是提前筛选确定客户。"无间贷"改变"客户先申请、银行再办理"的被动模式，整合CRM系统、征信系统、金融信息平台等平台数据自动筛选客户信息，对符合条件的企业在贷款到期前由客户经理主动为其提供"无间贷"业务。

二是持续优化产品设计。泉州银行将"无间贷"融入"超能卡"

---

① 王者小昭：《"无还本续贷"之来龙去脉》，雪球、新华网、泉州银行微信公众号、《中国小微企业金融服务报告（2018）》。

"尚好贷""两权抵押贷款""渔贷通""商标贷"等信贷产品中，满足各类型中小微企业续贷需求。实际操作中，按照"实质重于形式"的原则，精简授信金额 500 万元以下的小型、微型企业续贷材料与办理手续，审批时间由以往的 3 天缩短到 1 天，授信金额从 500 万元扩大至 5000 万元。同时，在实践中不断优化升级产品，相继推出 2.0 和 3.0 版本，借助网格化社区支行和县域网点布局，通过错峰、延时、便民的特色服务，将"无间贷"业务推向社区、县域和乡镇等小微企业集中的区域。

三是强化风险监测预警。积极依托大数据和信息化技术，整合行内外相关信息并运用政府有关部门联网核查系统，加强对小微企业资金流、信息流、物流等的监测，防范企业利用"无间贷"隐瞒真实经营状况、短贷长用及改变贷款用途等问题。探索小微企业评分卡技术与大数据评判技术，在小微企业客户关系管理系统中内嵌不良信用企业名单核查机制，加强小微企业风险信息管理，动态调整"无间贷"准入名单，夯实小微企业金融风险防线。

2. 创新推进供应链金融

供应链金融是银行通过与核心企业信息互联，高效、及时地获取信息流、资金流、物流等数据，基于真实贸易背景及核心企业增信措施，为产业链上下游企业提供融资服务，既可以缓解信息不对称程度，又可对供应链上下游的小微企业进行批量授信、批量开发。2020 年 9 月，央行、银保监会、国资委等八部委联合出台《关于规范发展供应链金融，支持供应链产业链稳定循环和优化升级的意见》提出，通过发展供应链金融提高供应链产业链运行效率，降低企业成本，服务于供应链产业链完整稳定，支持产业链优化升级和国家战略布局。

案例：平安银行"橙 e 网"①

平安银行是国内从传统金融升级到"线上供应链金融"的先行者，2012 年推出供应链金融 2.0 版本，2014 年 7 月 9 日正式上线供应链金融的 3.0 版本（即"橙 e 网"），是"互联网金融+供应链金融"的整合体，主要提供的服务包括：

（1）提供免费的电商平台"生意管家"，帮助中小企业轻松实现"1+N"链条在线订货，管理进销存、订单—运单—收单，快速、零成本实现生意电商化。

（2）向电商平台输出不可或缺的用户体系、账户体系、钱包体系、网上支付、交易资金监管与见证和身份鉴权等服务；同时，"橙 e 生活"App 和"橙 e 网"微信号，为企业提供新产品宣传、分销、品牌推广的免费渠道。

（3）提供 20 多个行业行情动态与政策分析、金融行情等资讯服务；同时，可提供上下游订单信息、结算信息、对账核销信息、资金流水与欠款信息等决策信息服务。

（4）整合平安集团最全面的金融资源，为"熟客生意"贴身服务，包括在线供应链融资、在线支付和资金监管、投资理财、在线保险等综合服务。

3. 创新融资担保方式

针对农村抵押、质押品缺乏的现实，我国结合农村资源特点，在林权、承包土地经营权、农民住房财产权及农村集体经营性建设用地使用权等农村财权上开展试验，努力解决农村信贷抵押质押少、风险化解机制缺乏的问题。政府的相关政策文件见表 3-1。

---

① 李扬，叶蓁蓁：《中国普惠金融创新报告（2018）》，社会科学文献出版社，2018 年 7 月版。

表 3-1　与农村产权担保贷款相关的主要政策文件

领域	政策文件	核心内容
林权	《关于全面推进集体林权制度改革的意见》（中发〔2008〕10 号）	明确健全林权抵押贷款制度
	《关于林权抵押贷款的实施意见》（银监发〔2013〕32 号）	明确提出林农和林业生产经营者可以用承包经营的商品林做抵押，从银行贷款用于林业生产经营
	《关于推进林权抵押贷款有关工作的通知》（银监发〔2017〕57 号）	进一步明确林权抵押贷款政策
两权	《关于开展农村承包土地的经营权和农民住房财产权抵押贷款试点的指导意见》（国发〔2015〕45 号）	部署开展"两权"抵押贷款试点工作
	《农民住房财产权抵押贷款试点暂行办法》（银发〔2016〕78 号）	确立 22 个农地抵押贷款试点县（市、区）和 59 个农房抵押贷款试点县（市、区），建立"两权"抵押贷款专项统计制度
	《农村承包土地的经营权抵押贷款试点暂行办法》（银发〔2016〕79 号）	
农村集体经营性建设用地使用权	《农村集体经营性建设用地使用权抵押贷款管理暂行办法》（银监发〔2016〕26 号）	在 15 个县（市、区）开展农村集体经营性建设用地使用权抵押贷款试点
	《关于延长农村集体经营性建设用地使用权抵押贷款工作试点期限的通知》	将试点期限延长一年至 2018 年底

案例：福建省永安农信联社的"福田贷"①

"福田贷"是破解农村融资担保难、助力发展生产、服务乡村振兴的普惠金融产品，是借款人在不改变土地所有权性质、不转移农村土地占有和农业用途的条件下，以依法取得的土地经营权及地上（含地下）附着物作为抵押物，将土地经营权作为抵押担保向信用社申请的贷款。"福田贷"是基于土地经营权的一款小额贷款产品，通过"土地经营权质押+信用评定"服务模式，实行建档、评级、授信、放款"一条龙"服务，具有办理快速、手续简便、利率低、期限长、易操作、财政贴息等特点，是永安市银行业首款以土地经营权及农业资产做抵押备案的金融产品。

"福田贷"业务推出后，业务迅猛发展，被《中华合作时报》称为"永安农信速度"，引起人民网、《福建日报》、《中华合作时报》、《三明日报》、永安电视台等多家媒体关注，并入选农业农村部全国百个农村创业创新典型县，召开200多场"福田贷"现场推介会。2018年5月，应省银监局邀请赴浙江丽水参加中国银保监会农村金融改革经验交流会，做经验介绍。2018年，"福田贷"做法得到唐登杰省长批示。2019年3月，永安联社理事长代表省联社在全省"绿色金融·服务乡村振兴"现场会上向郭宁宁副省长汇报"福田贷"业务开展情况并作相关经验交流，得到省领导的高度认可。

案例：福建省三明农信系统"福林贷"②

"福林贷"是三明农信系统针对只有零星分散林权的广大林农创新推出的一款普惠金融产品。"福林货"盘活了林农手中的小额林业资产，破解了林农贷款难、担保保难的瓶颈，有效满足了林农、林业

---

①　资料来源：福建农信社。

②　资料来源：福建农信社。

及相关生产的资金需求。"福林贷"获评 2017 年度福建省金融创新项目唯一的一类项目。2018 年 8 月 30 日，国家生态文明试验区建设现场经验交流会在厦门召开，福建农信作为唯一的金融机构代表受邀参会，福建省联社有关负责人在会上就绿色金融创新产品"福林贷"进行了推介。

案例：福建省武平联社的"惠林卡"①

武平县是习近平总书记在闽工作期间亲手抓起、亲自主导的集体林权制度改革的发源地，是全国林改第一县。为大力实施以生态建设为主的林业发展战略，优化资源配置，进一步解放和发展林业生产力，在龙岩市林业局、龙岩银保监分局、省联社龙岩办事处的共同推动下发行全国第一张"普惠金融·惠林卡"。

普惠金融·惠林卡是武平联社为林农和林业小微企业主量身打造的授信产品，行业投向主要为农村从事山地开发、山林抚育、造林、木材深加工、林化产品深加工、花卉产业、果树种植，以及武平绿茶为主的茶叶种植、加工销售和种植药材、种植灵芝、养鸡、养兔、养羊、养蜂、森林人家、生态旅游等林下经济等。授信额度最高 30 万元，期限 1-5 年，具有"一次授信、循环使用、随借随还、按日计息、灵活便捷"等特点。

"普惠金融·惠林卡"在全国深化集体林权制度改革经验交流会上首发，得到与会领导的高度关注，时任国务院副总理汪洋同志亲临县林权服务中心农信窗口调研，对"普惠金融·惠林卡"的推出给予充分肯定。原中国银监会、国家林业和草原局、自然资源部联合出台《关于推进林权抵押贷款有关工作的通知》，惠林卡被誉为林改经验作为"可复制、可推广的良好做法"，写入文件正式向全国推广。

----

① 资料来源：福建农信社。

4. 创新农业保险产品

2007 年，中央财政农业保险保费补贴试点首先在内蒙古、吉林、江苏、湖南、新疆和四川六省区启动，试点项目提供约 20 亿元的保费补贴，涵盖 5 个险种，这一政策极大地推动了我国农业保险的发展。2012 年 11 月发布的《农业保险条例》规范了农业保险活动。2019 年 10 月，财政部等四部门联合印发《关于加快农业保险高质量发展的指导意见》，提出到 2022 年，农险深度达 1%，农险密度达500 元/人。在政策的引导下，各地结合优势产业开展特色农产品保险，积极创新农业保险服务模式，不断满足农户多元化的风险保障需求。如安徽省部分地区探索开展农业保险"基本险+商业险+附加险"三级保险保障体系，海南深入推进天然橡胶"保险+期货+扶贫"试点，广西围绕糖料蔗生产经营开展价格指数保险试点，甘肃探索开展"一户一单、一户一保、一户一赔"的种养产业综合保险。目前，我国农业保险已成为仅次于美国的全球第二大农业保险市场，各级财政对农业保险的保费补贴比例已接近 80%，在世界上已处于较高水平；农险品种约 270 个，基本覆盖农、林、牧、渔各个领域，玉米、水稻、小麦承保覆盖率已超过其总播种面积的 70%。

5. 创新农产品期货期权产品

截至 2021 年末，我国已上市 30 个农产品期货以及豆粕、玉米、白糖、棉花、菜籽油、天然橡胶等 7 个农产品期权品种，覆盖粮、棉、糖、禽蛋、鲜果等主要农产品领域。2021 年，在农产品期货和期权的全球成交量排名中，中国品种包揽前 11 名，且在前 20 名中占有15 席，包括豆粕、菜籽粕、豆油、棕榈油、玉米、天然橡胶、纸浆、白糖、棉花、菜籽油、苹果、鸡蛋、玉米淀粉、黄大豆 1 号等 14 种期货以及豆粕期权。期货期权新品种稳步增加，衍生品体系更加完善。

在此基础上，我国正稳步扩大"保险+期货"等期货期权创新方案的相关试点，包括天然橡胶、玉米、大豆、棉花、白糖等品种。目前，全国部分省份正积极开展具有地方特色的农产品市场创新行动，具有包括价格保险、收入保险、"订单+保险+期货""农民合作社+场外期权"等多样化合作模式的"保险+期货"便是其中发展较为迅速的一种。2021 年，郑州商品交易所在新疆维吾尔自治区昭苏县开展新疆首个甜菜"保险+期货"项目，通过"订单农业+保险+期货"的模式，覆盖昭苏县甜菜种植面积的约 83%。此外，甘肃苹果"保险+期货"中央财政奖补试点项目连续开展两年以来，承保苹果 32.04 万吨，惠及果农 7.39 万户（其中建档立卡贫困户 6.22 万户），并于 2019 年实现 79.84% 的赔付率。除了上述两省的积极活动，还有陕西静宁县苹果、黑龙江省桦川县玉米、海南省天然橡胶、河南省陕州区苹果等多种以"保险+期货"为基础创新的合作模式。截至 2021 年末，针对"保险+期货"这一运行机制，我国三大商品交易所共提供支持资金约 17 亿元，年均增长达 96%，撬动中央及地方政府财政补贴资金 3.84 亿元，年均增长 59%；持续在 27 个省区市 459 个县累计开展 930 个相关试点项目。其中，累计实现保费收入 17.5 亿元，累计赔付金额约 13.05 亿元，共为 571.91 万户农户和 1796 个合作社提供价格和收入保障，成效显著。

上海期货交易所探索天然橡胶"保险+期货+精准扶贫"试点工作，总计投入 1.5 亿元抗疫扶贫资金，联合 44 家期货公司及 4 家保险公司，为 25 个县的近 19 万吨天然橡胶提供价格保障，助力胶农及橡胶产业抗疫复产。

案例：海南省深入推进天然橡胶"保险+期货+扶贫"试点[①]

天然橡胶产业是海南省发展热带农业和打赢脱贫攻坚战的重要抓手。为推动天然橡胶产业持续健康发展，海南省委、省政府及相关部门积极推动"保险+期货"项目在天然橡胶产业上的实践，开展天然橡胶"保险+期货"精准扶贫项目，并持续扩大规模，助力脱贫攻坚，取得显著成效。

2017年6月，上海期货交易所推动国内首单天然橡胶"保险+期货"扶贫项目落地白沙县南开乡。当年该项目实现理赔50.4万元，南开乡胶农平均每户增收500元，其中惠及贫困户352户。2018年，白沙县继续在各乡镇大力推动"保险+期货"试点工作，全县参保总户数达12841户（其中贫困户5813户），最终了结收益总计1292.47万元，参保胶农平均每户增收1006元。2019年，在上期所的资金支持下，白沙县为全县11个乡镇的2.4万吨橡胶购买"保险+期货"，力推"保险+期货"覆盖至全县24000多户胶农（全县农户26037户），覆盖开割橡胶40万亩左右。

截至2019年11月，上海期货交易所联合期货公司在海南省6个贫困市（县）实施天然橡胶'保险+期货'项目22个，为7万吨天然橡胶现货提供价格保障，投入项目资金约7340万元，惠及胶农5.8万多户，在保障贫困户收入水平、推动龙头企业发展等方面取得一定的成效，同时也带动社会多方资金投入，形成扶贫合力。

三、加强信用体系建设

为了缓解因信息不对称造成的融资困难，各地积极搭建地方综合金融服务平台，全面整合不同政府部门信息资源，发挥市场化征信机

---

① 资料来源：天然橡胶网、腾讯财经。

构作用，有序推进征信系统非金融信息采集，持续推进农村信用体系建设，推动符合条件的放贷机构接入金融信用信息基础数据库。

1. 加快全国性信用信息平台的建设。加大建设全国金融信用信息基础数据库。截至 2021 年末，该数据库收录 11.3 亿自然人、9039.1 万户企业和其他组织的信用信息，已基本覆盖各类正规放贷机构。推动农村信用信息服务平台建设，逐步纳入新型农业经营主体的信息，截止 2021 年末，已收录 162.81 万个新型农业经营主体。

2. 大力推进"信用户""信用村""信用乡（镇）"的评定和创建。截至 2021 年末，评定信用户 1.07 亿个，信用村 24.5 万个，信用乡（镇）1.29 万个。

3. 深入推进地方征信平台建设。地方政府高度重视地方征信平台的建设，全面整合金融、政务、公用事业、商务等不同领域的信用信息共享共用。截至 2021 年末，全国已建成省级地方征信平台十余家。同时，中国人民银行指导建设"长三角征信链""珠三角征信链""京津冀征信链"等，推进区域涉企信用信息互联互通。

案例：福建省金融服务云平台[①]

为落实党中央、国务院，关于金融工作、"数字中国"建设的一系列决策部署，增强金融服务实体经济能力，有效缓解民营企业和中小微企业融资难、融资慢问题，提升地方金融监管和金融风险防控水平，促进金融与科技有机融合发展。2019 年以来，福建省政府大力推动福建省金融服务云平台（以下简称"金服云"平台）建设，省政府专门成立协调小组，省领导担任组长，在省政府领导下，省金融监管局、数字办牵头推动，兴业银行负责平台建设和运营。

"金服云"平台涵盖福建省 2019 年"金融八大工程"的多项工

---

① 资料来源：福建省地方金融监督管理局。

程，是福建省重要的金融基础设施，旨在通过政务数据和涉企数据集中汇聚、脱敏脱密、分析加工等处理，为中小微企业、金融机构和政府部门提供精准有效的金融科技服务的多功能信息化平台。

平台围绕"1+2+3+N"打造福建金融服务体系："1"即建设由省政府主导构建唯一的金融主题数据库的综合金融服务平台；"2"即通过打造"金融服务"和"金融生态"两大板块，双轮驱动平台业务发展；"3"即平台主要用户为省内民营和中小微企业、金融机构、各级政府部门；"N"即打造线上身份认证、电子签名在线授权、金融产品发布、融资需求发布及对接、银企融资业务撮合、企业信用评分及报告、涉企数据授权查询及使用、票据"秒贴"、在线信用融资、金融服务业务数据监测及统计分析、上市后备企业管理、惠企金融政策发布、金融风险监测预警、区域金融形势分析研判和服务地方金融监管等 N 项金融服务。

"金服云"平台已完成项目一期建设并于 2019 年底上线运营。截至 2021 年 6 月，"金服云"已对接相关部门政务信息涉企数据近 4000多项，入驻金融机构 36 家，进一步解决银企信息不对称问题。

四、优化担保增信体系建设

1. 完善农业担保体系
进程见图 3-1。

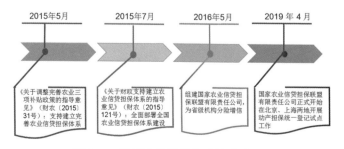

图 3-1　我国农业担保体系构建进程图

案例：安徽省农担推出"政、银、担"合作的"劝耕贷"①

在建立全省信用担保体系的基础上，安徽省担保公司建立起"4321"新型"政、银、担"合作机制，开展小微企业和农户贷款担保业务，年化担保费率不高于1.5%，担保机构、省级再担保机构、合作银行、地方财政按照4∶3∶2∶1的比例承担代偿责任，有效地分散了风险，并发挥政策性担保的杠杆作用。

在充分发挥政策性定位基础上，2015年在全国首创"劝耕贷"业务模式，建立政府、担保机构、银行、农业新型经营主体共担共管的新型支农资金使用机制，把农业信贷担保打造成农村一二三产业融合、农村创业创新和产业扶贫的重要平台。

"劝耕贷"在业务模式方面的创新包括以下五点：一是在信贷全流程中实现政银担"抱团"服务。二是担保与政府形成合力，农业担保委员会、各级政府出台相关文件，统筹领导"劝耕贷"工作，明确职责、规范管理、夯实责任。各地政府根据实际情况制订奖惩办法，筑牢主体责任，在激发相关人员积极性的同时，也有效管控信贷风险。三是合作救助风险，对因受自然灾害等因素影响而不能按期还款的新型农业经营主体，启动政银担"抱团"救助机制，金融机构先行运用"信用接续"方式，让其借新还旧；担保机构跟进以"经营接管"方式，购买服务，维持经营，收益偿债；对特殊难题政府利用"资产托管"方式，缓释信贷风险，维护信用环境。

2. 设立融资担保基金

2018年7月，由中央财政及有意愿的金融机构发起设立国家融资担保基金完成工商注册，采取股权投资的形式支持各省区市开展融资担保业务。基金注册资本661亿元，首期出资166亿元全部到位，并于2018年9月正式运营，在全国分批开展再担保业务合作。

---

① 曾刚，何炜主编：《中国普惠金融创新报告（2020）》，社会科学文献出版社，2020年11月版。

在国家融资担保基金再担保业务的引导带动下，各地陆续出台配套支持政策，设立地方专项信用保证基金和担保基金。如浙江省台州市以"政府出资为主、银行捐资为辅"的模式，设立大陆首个小微企业信用保证基金，信保基金与银行采取风险共担模式，出现损失后，与捐资银行的风险承担比例为 8 : 2，与非捐资银行的风险承担比例为 6.5 : 3.5。

3. 设立政府性融资担保公司

各地纷纷成立由政府出资、不以营利为目的政府性融资担保公司，为小微企业和"三农"主体融资提供增信服务。截至 2021 年末，全国政府性融资担保公司达 1428 家，融资担保放大倍数 2.6 倍，直保余额 1.5 万亿，同比增长 26%。其中，农户和新型农业经营主体融资担保直保余额 4448 亿元，同比增长 39%；小微企业融资担保直保余额 9414 亿元，同比增长 33%。

五、开展地方普惠金融改革试点

为探索可持续、可复制的普惠金融发展经验，2015 年下半年以来，中国人民银行、中国银保监会等按照国务院统一部署，加强中央和地方联动，指导地方分支机构加强对普惠金融改革试验的探索。

表 3-2　普惠金融改革试验区清单

试验区名称	试验时间	试验内容
浙江省宁波市普惠金融综合示范区试点	2015 年 10 月	总体方案从"建设示范性的普惠金融基础设施""完善平台化的普惠金融信用体系""构建生态化的普惠金融组织体系""鼓励多元化的普惠金融产品创新""形成系统化的普惠金融政策体系""探索机制化的金融教育和金融消费权益保护"六方面提出 15 项任务、4 项保障措施，实现全面覆盖、重点渗透、高满意度

（续表）

试验区名称	试验时间	试验内容
陕西省宜君县农村普惠金融示范区	2016年4月	提出构建满足需求的普惠金融服务体系、打造普惠金融教育体系、建设便捷高效的金融基础设施体系以及加强领导保障四个方面12项改革任务。力争通过改革，使试点地区"融资难"明显改善，精准扶贫成效显著提升；形成科学完善的农村金融教育培训体系，农民金融素养普遍提高；实现行政村基础金融服务全覆盖，弱势群体的金融服务可得性显著提高
青海省普惠金融综合示范区	2016年6月	提出深化金融支持精准扶贫、推动绿色金融发展、推广金融科技运用、完善基础金融服务、加强宣传教育和科学组织推进等七个方面总计23项任务
甘肃省临洮县普惠金融试点	2016年12月	贯彻创新、协调、绿色、开放、共享五大发展理念，按照"立足改善民生，聚焦薄弱领域，深化金融创新，推进普惠建设"的指导思想，通过建设"五大体系"，实施"五大工程"着力增加普惠金融服务和产品供给，明显改善对小微企业、"三农"、贫困人口、特殊人群等薄弱领域的金融服务，努力把银行办到老百姓身边，提高金融服务的覆盖面和可得性，让普通群众享受到更加便捷的金融服务
甘肃省和政县普惠金融试点	2016年12月	总体方案从"补齐机构短板""夯实政策基础""完善服务体系""持续加大涉农信贷投放""创新金融服务""保护金融消费者权益"六个方面提出14项任务、4项保障措施，以此实现2020年全县普惠金融发展居于全省中上游水平

（续表）

试验区名称	试验时间	试 验 内 容
河南省兰考县普惠金融改革试验区	2017 年 7 月	包括完善县域普惠金融服务体系、强化精准扶贫金融服务、优化新型城镇化金融服务，充分利用多层次资本市场，大力发展农村保险市场，深化农村支付服务环境建设，强化要素服务平台建设，强化配套政策支持，加强金融消费权益保护十个方面、27 项主要措施，提出 5 年左右把兰考县建设成为全国普惠金融改革先行区、创新示范区、运行安全区，助力兰考县如期实现全面建成小康社会的宏伟目标
河北省阜平县普惠金融示范县	2017 年 7 月	通过发挥政府主导作用、构建多层次普惠金融服务体系、强化重点领域金融服务、做好金融扶贫工作、发挥政策引领作用、加强普惠金融宣传教育、强化组织保障和推进实现基础金融服务全覆盖、金融助力脱贫和提高金融消费者满意度的目标
浙江省宁波市普惠金融改革试验区	2019 年 12 月	总体方案从"全面提升金融机构的普惠金融服务能力""加快数字普惠金融创新""构建数字普惠金融风险防范体系""加强普惠金融教育和金融权益保护"四个方面制定了 18 条工作任务、4 项保障措施，奠定宁波市普惠金融改革试验区建设的基础框架
福建省宁德市、龙岩市普惠金融改革试验区	2019 年 12 月	总体方案从"构建多元化的普惠金融组织体系""推动数字普惠金融创新发展""强化扶贫攻坚金融服务""推动绿色金融发展""加强金融监管与法制建设"五个方面制定了 15 条工作任务、5 项保障措施，力争用 3 年左右时间，在试验区形成广渠道、多层次、全覆盖、可持续的普惠金融服务体系，建立与全面建成小康社会相适应的普惠金融发展保障体系和长效机制

（续表）

试验区名称	试验时间	试验内容
江西省赣州市、吉安市普惠金融改革试验区	2020 年 10 月	总体方案从"健全多层次多元化普惠金融体系""创新发展数字普惠金融""强化对乡村振兴和小微企业的金融支持""加强风险管理和金融生态环境建设"四个方面提出 16 条工作任务以及 5 项保障措施，以实现赣州市、吉安市基础金融服务达到江西省中上游水平，全力保障实现脱贫攻坚目标
山东省临沂市普惠金融服务乡村振兴改革试验区	2020 年 10 月	总体方案从"推动农村金融服务下沉""完善县域抵押担保体系""拓宽涉农企业直接融资渠道""提升农村保险综合保障水平""加强乡村振兴重点领域金融支持""优化农村金融生态环境"六个方面提出 21 条工作任务以及 5 项保障措施，以实现农村金融组织体系更加完备、金融机构公司治理和内控机制更加完善、金融基础设施更加健全，"三农"金融服务的可得性、便利性和精准性全面提升

表 3-3　福建省龙岩、宁德普惠金融改革试验区可复制创新成果

批次	市	成果名称	创新做法
第一批	龙岩、宁德	创业就业金融服务中心	落实扶持政策、构建促进机制、推广专属产品、建立辅导队伍、提供岗位信息
	龙岩、宁德	抵押物自评估系统	推广房产及林权抵押贷款自评估，500 万元以下县域住宅、商铺、写字楼等房产抵押贷款自评估，30 万元以下林权抵押贷款免评估，改变抵押物评估市场传统的收费模式，推行抵押资产评估费用客户"零承担"

（续表）

批次	市	成果名称	创 新 做 法
第一批	宁德	"担保云"线上平台	通过"担保云"接入市县两级政府性融资担保公司，允许担保机构调取相关政府部门的共享信息，结合银行提交的客户生产经营信息，最快1个工作日完成业务送审、放款手续
	宁德	渔排养殖贷	由政府性融资担保公司提供担保，海洋渔业局办理水域滩涂养殖证、渔排设施的抵押备案为反担保措施，银行机构结合水产养殖面积、银行流水、经营年限等数据，为水产养殖户及企业提供生产经营周转流动资金贷款
	宁德	信用村镇创建	评定流程高效，对已评选上的村镇实行动态管理，每年核查，建立过度授信预警机制，按季发布授信数据，设置预警阈值
	龙岩	普惠金融惠林卡	林农凭借"身份证+林权证或从事林下经济证明"直接申请并贷款，免中介评估，贷款享受省级财政3%贴息的同时叠加享受市级财政1%的贴息；金融监管部门对惠林卡贷款在信贷规模和品种监管上给予政策倾斜
	龙岩	"三农"综合保险及其升级版	强化三农保险产品和服务方式创新；创新开设种植业气象指数保险；全面实施扶贫保险项目；在水稻保险产品试点从"保成本"向"保价格""保收入"转变机制等
	龙岩	供销助农风险补偿机制	省、市、县三级供销合作社联合合作组建市、县两级供销农业服务公司，并设立"供销助农信贷风险补偿基金"，为银行贷款提供部分风险补偿

批次	市	成果名称	创新做法
第二批	宁德	农信"福海贷"	系列产品包含仓单（质押）贷、水域滩涂养殖贷、渔排托管贷等，不同程度上给予贷款户利率优惠
	宁德（蕉城）	普惠金融纠纷调处中心	蕉城区法院联合金融机构成立该中心，制订普惠金融纠纷调处流程，派驻法官对接指导并配备金融机构工作人员及特邀调解员，实现"一站式"纠纷化解和"当事人最多跑一趟"
	龙岩	金融支持乡村振兴"986工程"	推动开展金融支持乡村振兴示范村创建活动，力争到当年末示范村农户建档面达90%（含）以上、农户授信面达全村农户数的80%（含）以上、农户用信面达全村农户数的60%（含）以上
	龙岩（武平）	林业金融服务体系	建立"五位一体"林业金融服务体系，有效解决林权抵押贷款"五难"问题（林权抵押贷款通常遇到的评估难、担保难、处置难、流转难和贷款难等）
第三批	宁德	农村生产要素流转融资服务机制	在福鼎市开展农村生产要素融资服务试点工作；全面推进全市农村生产要素流转融资试点工作；搭建全省首个农村生产要素流转融资平台
	宁德	保险"快处快赔121"服务中心	"121"——一次关注、两步操作、一键理赔

（续表）

批次	市	成果名称	创 新 做 法
第三批	龙岩	数字普惠金融服务平台	搭建小微企业贷款平台；简化贷款流程；引导银行业金融机构最大限度压缩办贷时限、提高审批效率
	龙岩	"普惠金融·福农驿站"	有效整合党务、政务、村务、农务、医务、商务、服务等各类资源，建立"普惠金融·福农驿站"，为所在地一定范围内的城乡居民、小微企业和其他经济组织提供"一站式、多功能、融合性"的线下线上普惠金融综合服务站点
	全省范围	建设银行"农机云贷"	建设银行省分行同省农业农村厅合作，以农机补贴及采购、征信等大数据"增信"，通过手机移动端搭建综合服务平台，为新型农业经营主体及农户创新推出该"云端融资"产品

六、加大金融消费者权益保护力度

1. 完善金融消费者权益保护政策体系

为了加强金融消费者权益保护工作，我国陆续出台了相关的金融消费者权益保护政策，包括国务院办公厅颁布的《关于加强金融消费者权益保护工作的指导意见》、中国人民银行颁布的《中国人民银行金融消费者权益保护实施办法》、中国银保监会出台的《保险消费投诉处理管理办法》、中国证监会出台的《证券期货投资者适当性管理办法》等。金融消费者权益保护的政策体系得到进一步完善。

2. 加强金融知识普及宣传和消费者金融素养提升

开展"金融消费者权益日""金融知识普及月""小微企业金融知识普及教育""全国防范非法集资宣传月""3·15宣传周""普及金融知识守住'钱袋子'"等一系列集中性金融知识普及活动，推进金融教育基地建设，加强数字技术赋能金融教育，推广使用"一码直达"线上金融宣传教育作品库。大力推进金融知识纳入国民教育体系，面向学生开展"金融知识进校园"活动、组织编写中小学生金融知识普及读本、建设金融基础知识类开放课程。

3. 建立金融消费纠纷多元化解决机制

推进金融消费纠纷非诉第三方解决机制建设。建成中国金融消费纠纷调解网等在线调解平台，广东、上海、宁波、青岛等11地建成省级（副省级）金融消费纠纷调解（金融ADR）组织。开展银行业第三方纠纷调解试点、证券市场支持诉讼工作和保险纠纷调解处理，完善诉讼与调解对接机制。组织银行业金融机构消费者权益保护工作年度考核评价，按季度发布保险消费投诉情况通报，加大保险小额理赔服务监测力度。

4. 开展金融消费权益保护专项检查和治理

中国人民银行开展关于个人金融信息保护、银行卡、账户信息安全、支付服务等重点领域的金融消费者权益保护现场检查工作。聚焦银行信贷、理财、代销、收费和互联网保险5大领域开展消保专项检查，严厉查处损害消费者权益行为。印发《关于开展支付安全风险专项排查工作的通知》，对有关银行和支付机构等进行支付客户端、业务系统、交易报文、账户管理等方面的风险排查，提升机构支付安全保障水平。开展网络安全专项治理行动，及时发现、治理侵害消费者权益行为。

七、完善普惠金融激励约束政策措施

1. 扩大信贷资金来源政策

（1）对普惠金融实施定向降准。为更好地引导金融机构发展普惠金融业务，2017 年 9 月 30 日，人民银行印发《关于对普惠金融实施定向降准政策的通知》（银发〔2017〕222 号），明确普惠金融定向降准政策的范围、标准，对普惠金融服务机构实行优惠存款准备金率政策。

（2）加强支农、支小再贷款、再贴现管理，创设扶贫再贷款。

（3）发挥宏观审慎评估（MPA）的引导作用。通过合理调整 MPA 参数，给予倾斜支持，发挥激励约束作用，鼓励金融机构更多地将信贷资源投向普惠领域。

（4）支持银行发行小微企业、三农专项金融债券，拓宽普惠金融信贷资金来源。推进小微企业贷款资产证券化、信贷资产转让和收益权转让等业务试点。

2. 优化保险支持政策

（1）制定农业保险扶持政策。通过设置"绿色通道"和加大农业保险保费财政补贴等方式，引导保险机构积极开发扶贫专属特色农业保险产品。规定扶贫农业保险产品费率在基准费率基础上下调 20%。对受灾的贫困农户，可在查勘定损前预付部分赔款。因重大灾害或农产品价格剧烈波动导致的经营亏损，不纳入绩效考核指标。

（2）推进大病保险倾斜政策。推动各地通过降低起付线、放宽报销范围、提高报销水平等措施，促进大病保险向困难群众倾斜。为外出务工农民开辟异地理赔绿色通道。为驻村干部和扶贫挂职干部、高校毕业生"三支一扶"提供保险保障。

（3）推进贫困地区保险倾斜政策。原保监会鼓励保险资金向贫困地区基础设施和民生工程倾斜。鼓励保险机构加大对贫困地区发行地方政府债券置换存量债务的支持力度。优先支持中西部省份设立保险法人机构、分支机构和开展相互制保险试点，严格控制贫困地区现有保险机构网点撤并。

3. 健全差异化监管机制

（1）督促引导普惠金融领域信贷投放稳步增长。2008 年提出小微企业贷款增量和增速"两个不低于"目标。2015 年开始，进一步提出小微企业贷款增速、户数和申贷获得率"三个不低于"目标，并要求银行单列小微信贷计、层层分解。2018 年，原银监会重点针对单户授信 1000 万元以下（含）的小微企业贷款提出"两增两控"目标。

（2）建立差别化的监管指标体系。对符合《商业银行资本管理办法（试行）》规定条件的小微企业贷款，计算资本充足率时，权重法下适用 75% 优惠风险权重，内部评级法下比照零售贷款适用优惠的资本监管要求。适度提高小微企业、"三农"、扶贫不良贷款容忍度，不明确小微企业贷款、涉农贷款、精准扶贫贷款不良率高出自身各项贷款不良率年度目标 3 个百分点（含）以内的，可不作为监管评级和银行内部考核评价的扣分因素。

（3）严格规范服务收费。对小微企业贷款禁止收取承诺费、资金管理费，严格限制对小微企业及其增信机构收取财务顾问费、咨询费等费用。严禁发放贷款时附加不合理条件。

4. 发挥财税政策支持作用

（1）对小微企业、三农金融服务实行税收优惠政策。对金融机构符合条件的普惠金融领域有关贷款实行免征增值税、印花税，减征企业所得税，延续有关准备金税前扣除政策。对保险公司农牧保险、一年期以上人身保险取得的保费收入，按规定免征增值税；对保险公司为种植业、养殖业提供保险服务取得的保费收入，按规定给予企业所得税优惠。

（2）整合设立普惠金融发展专项资金。2016 年 9 月 24 日，财政部印发《普惠金融发展专项资金管理办法》（财金〔2016〕85 号），整合设立普惠金融发展专项资金。2016—2018 年，中央财政累计拨付普惠金融发展专项资金 339 亿元。2019 年起，将中央财政创业担保贴息的个人和小微企业担保贷款最高额度提高 50%，并开展财政支持深化民营和小微企业金融服务综合改革试点城市工作，中央财政通过普惠金融发展专项资金每年安排约 20 亿元资金支持一定数量的试点城市。

第四章 普惠金融消费者权益保护

在我国，随着金融业综合经营趋势日益明显，金融产品与服务创新得以快速发展，在为金融消费者带来便利的同时，也存在金融机构提供金融产品与服务的行为不规范、金融消费者保护意识不强和识别风险能力亟待提高等问题，金融消费者权益被侵害的问题日益凸显并呈扩大趋势。所以，了解金融消费者权益保护相关知识，对于加强金融消费者合法权益保护、促进金融市场健康发展是十分必要的。

第一节 金融消费者权益概述

一、金融消费者权益包含的范围

金融消费者作为消费者在金融领域的延伸，其权益首先具有普通消费中消费者所享有的各种权利，包括安全权、知情权、选择权、公平交易权、受尊重权、获得赔偿权等。但由于金融消费的特殊性，使得金融消费有别于普通消费，如我国台湾地区将金融消费者界定为"接受金融服务业提供金融商品或服务者。但不包括专业投资机构以及符合一定财力或专业能力的自然人或法人"，不仅对金融消费者的保护对象和调整范围进行拓展，也符合当地金融消费者受到侵犯时相对弱势的现状。这就决定了金融消费者的权利与消费者权益的不同内容。根据 2015 年国务院办公厅《关于加强金融消费者权益保护工作的指导意见》，金融消费者权益主要包括 8 个方面的内容（如图 4-1 所示）。

图 4-1　金融消费者权益的内容

二、我国金融消费者权利保护主要法律依据

我国目前尚未针对金融消费者权益保护进行统一性、专门性立法，金融消费者权益保护的法律规范主要散见于现行的一些法律法规或规章中。主要包括以下几个部分。

（一）专门性规章

1. 《关于加强金融消费者权益保护工作的指导意见》

2015 年 11 月 13 日，国务院办公厅发布《关于加强金融消费者权益保护工作的指导意见》，明确金融机构消费者权益保护工作的行为规范，要求金融机构充分尊重并自觉保障金融消费者的财产权、知情权、自主选择权、公平交易权、受教育权、信息安全权等基本权利，依法、合规开展经营活动。这是首次从国家层面对金融消费者权益保护进行具体规定，强调保障金融消费者的 8 项权利。

2.《中国人民银行金融消费者权益保护实施办法》

为了规范金融机构行为，保障金融消费者合法权益，中国人民银行于 2020 年 9 月制定印发《中国人民银行金融消费者权益保护实施办法》。在明确金融消费者权益保护的负责机构是中国人民银行的前提下，就金融机构的行为规范、消费者金融信息保护、金融消费争议解决、监督与管理机制、法律责任等进行详细的规定，以保护金融消费者合法权益，规范银行、支付机构提供金融产品和服务的行为，维护公平、公正的市场环境，促进金融市场健康稳定运行。

（二）金融领域法律法规中对金融消费者权益保护的规定

见表 4-1。

表 4-1　金融消费者权益保护相关的法律法规

领域	法　律　法　规	具　体　内　容
银行业	《中华人民共和国商业银行法》	规定消费者对于存款的合法权益，要求银行保护消费者信息等
	《中华人民共和国银行业监督管理法》	
	《银行业消费者权益保护工作指引》（银监发〔2013〕38 号）	明确银行业消费者是指购买或使用银行业产品和接受银行业服务的自然人，明确银行业金融机构是实施银行业消费者权益保护的工作主体
	《商业银行服务价格管理暂行办法》	规定商业银行服务价格明码标价的具体内容，同时新增对商业银行服务价格内部管理的要求
	《商业银行个人理财业务风险管理指引》	规定银行在个人理财计划缔约的整个流程中应履行信息披露和风险揭示义务
	《商业银行个人理财业务管理暂行办法》	

（续表）

领域	法律法规	具体内容
银行业	《关于进一步规范商业银行个人理财业务有关问题的通知》（银监办发〔2008〕47号）	规定商业银行要正确提供产品的真实信息，对于资金投向、不利情况及信息可靠来源等重要信息应予以充分披露
	《中国银监会办公厅关于加强银行业客户投诉处理工作的通知》（银监办发〔2007〕215号）	要求银行业协会、信托业协会、财务公司协会负责相关银行业金融机构的投诉处理数据统计、分析和指导
	《关于建立金融纠纷调解机制的若干意见（试行）》	对金融纠纷调解中心的设立、人员、受案范围、原则、调解方式、调解协议效力等做出原则性规定
	《关于完善银行业金融机构客户投诉处理机制　切实做好金融消费者保护工作的通知》（银监发〔2012〕13号）	提出银行业金融机构应当设立或指定投诉处理部门，要规范营业网点现场投诉处理程序等方面保护金融消费者合法权益的内容
	《银行业保险业消费投诉处理管理办法》	包含总则、组织管理、投诉处理、工作制度、监督管理、附则等6大部分，共45条。明确消费投诉事项；规定机构职责；明确投诉处理程序；完善投诉处理体制机制；便民高效化解投诉；强化监管督查和对外披露
	最高人民法院　中国人民银行　中国银行保险监督管理委员会《关于全面推进金融纠纷多元化解机制建设的意见》（法发〔2019〕27号）	对金融纠纷多元化解机制的案件范围、调解协议的司法确认制度做出规定；对规范金融纠纷多元化解机制工作流程做出规定

（续表）

领域	法律法规	具体内容
证券业	《中华人民共和国证券法》	对公司信息披露进行明确规定
	《中华人民共和国公司法》	
	《中华人民共和国证券投资基金法》	规定构成证券投资基金信息披露活动的规则体系
	《证券投资基金信息披露管理办法》	
	《证券投资基金销售管理办法》	证券市场中的金融消费者教育和风险揭示
	《关于进一步加强投资者教育、强化市场监管有关工作的通知》（证监发〔2007〕69号）	
	《证券纠纷调解工作管理办法》	证券类金融消费纠纷处理
	《证券纠纷调解规则》	
	《关于在全国部分地区开展证券期货纠纷多元化解机制试点工作的通知》	
保险业	《中华人民共和国保险法》	主要体现为知情权方面的保护，同时规定保险人应履行对保险合同的书面交付及说明义务
	《人身保险新型产品信息披露管理办法》（保监会令〔2009〕3号）	规定投资连结保险等新型产品的说明书中应当包含风险提示、产品基本特征、账户情况、利益演示、犹豫期及退保等内容，同时，还要求信息披露的方式应客观、准确、易于理解
	《商业银行代理保险业务监管指引》（保监发〔2011〕10号）	银行业代理保险公司销售保险产品和服务的各个环节作了明确规定，并引入适当性规则

（续表）

领域	法律法规	具体内容
保险业	《加强保险消费者教育工作方案》（保监发〔2008〕118号）	提出风险提示与知识普及并重等保护原则，其他配套归责规定了"犹豫期制度"、纠纷解决机制
互联网金融	《场外证券业务备案管理办法》	对互联网金融中的股权众筹模式进行规范
	《对股权众筹平台指导意见》	
	《电子支付指引》（人行〔2005〕23号）	
	《非金融机构支付服务管理办法》	对第三方支付模式进行一些业务指导
	《中国人民银行关于手机支付业务发展的指导意见》	
	《支付机构客户备付金存管办法》	
	《关于人人贷有关风险提示的通知》（银监办发〔2011〕254号）	对P2P网络借贷模式进行规范，对P2P模式存在的风险向投资者说明，同时，提倡诚实信用，用户至上的经营管理思路
	《第三方电子商务交易平台服务规范》	

（三）其他立法中对金融消费者权益的规定

1.《中华人民共和国消费者权益保护法》

《中华人民共和国消费者权益保护法》是我国保护消费者合法权益的基本法律。金融消费者是消费者下位的概念，因此，在购买金融产品或接受金融服务时，其合法权益保护可以适用该法。

2013年10月25日颁布的"新消法"首次将金融消费纳入消费者权益保护体系，在第28条中规定"提供证券、保险、银行等金融服务的经营者，应当向消费者提供经营地址、联系方式、商品或者服务的数量和质量、价款或者费用、履行期限和方式、安全注意事项和风险警示、售后服务、民事责任等信息"。同时，"新消法"首次将个人信息受到保护作为消费者的一种权益确定下来。

2.《中华人民共和国人民调解法》及其他调解法律

非诉方式具有灵活性和便利性，已经成为化解社会各种矛盾的一种大趋势。《中华人民共和国民事诉讼法》《中华人民共和国仲裁法》《中华人民共和国人民调解法》等法律都明确规定调解法律制度，最高人民法院司法政策以及多个部委文件也都积极鼓励运用调解等多元化手段解决纠纷。在金融行业中，也出台相关的金融消费纠纷调解规定。2012 年开始实施的《证券纠纷调解工作管理办法》和《证券纠纷调解规则》等，全面启动证券纠纷调解工作。2016 年 7 月 13 日发布的《关于在全国部分地区开展证券期货纠纷多元化解机制试点工作的通知》，推进了证券期货纠纷多元化解机制完善。在银行业方面，《中国银监会办公厅关于加强银行业客户投诉处理工作的通知》《关于建立金融纠纷调解机制的若干意见（试行）》《关于完善银行业金融机构客户投诉处理机制切实做好金融消费者保护工作的通知》《银行业消费者权益保护工作指引》等规定，逐步完善了银行业金融消费纠纷的调解制度。

3.《中华人民共和国合同法》

《中华人民共和国合同法》是民商法的重要组成部分，是为了规范市场交易、保护合同当事人的合法权益的基本法律。在金融领域，金融机构与金融消费者之间存在的最主要的关系就是合同关系。实践中，金融机构与金融消费者在订立合同、履行合同过程中，会产生诸多的纠纷，双方都有可能承担缔约过失责任、违约责任、侵权责任。《中华人民共和国合同法》基于当事人双方的合同关系，对各自的权利和义务进行必要的保护和调整，不论是对金融机构还是金融消费者都是一种保护。

4. 其他法律

除了上述的非专门性法律法规外，对金融消费者权益的保护散见于其他的法律，如2015年新修订的《中华人民共和国广告法》，对广告行为的多个环节做了具体规定，特别是要求用语、数据准确真实以保障消费者的知情权，这与金融消费者知情权益吻合性很强。金融消费者可利用《中华人民共和国广告法》中的规定来保护自己的权益。再如，《中华人民共和国票据法》对金融消费者的保护主要体现在保障消费者作为持票人时依法使用票据的权利以及规定债务人需依法承担的义务。

三、金融消费者权益保护体系的六道防线

完善的金融消费者保护体系最少应该包括五个主体：消费者自身、金融机构、行业协会、监管当局和仲裁或司法机构，这五个主体对金融消费者权益保护活动的有机结合构成金融消费者权益保护体系的五道防线，再加上媒体监督，构成六道防线，见图4-2。

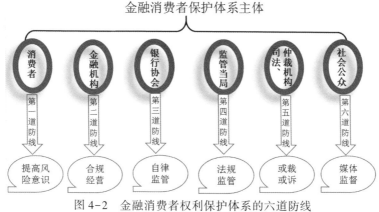

图4-2　金融消费者权利保护体系的六道防线

87

第二节　常见的金融消费者权益纠纷

随着人们收入水平的提高，对金融服务的需求也日益增多，但由于消费者对金融专业知识的缺乏，金融产品及服务的信息不对称性，在现实中产生诸多金融纠纷，并呈多样化的发展态势，下面列举出几种在日常生活中常见的金融消费者权益纠纷，并用特定的案例进行说明。

一、金融借款类纠纷

金融借款类纠纷指金融机构作为贷款人向借款人发放贷款后，因借款人的还款能力出现问题而无法按时按量还款，或者因借款人诚信度不高，法律知识欠缺，宁可违约也不愿还款而引发的纠纷，贷款方为银行等金融机构，借款方包括自然人，非金融机构的自然人、法人或其他组织。

纠纷案例[①]：

2014 年 2 月 14 日，甲银行与陆某签订《个人循环贷款额度协议》，约定甲银行提供个人循环贷款额度 117 万元。同日，陆某、高某与甲银行签订《个人循环贷款最高额抵押合同》，以自有房屋为借款作担保。2014 年 2 月 20 日，陆某向甲银行出具《委托放款授权书》，要求将贷款 117 万元发放至案外人沈某账户。2014 年 2 月 25日，甲银行与陆某签订《个人抵（质）押循环贷款合同》一份，约定陆某为个人消费向甲银行贷款 117 万元。甲银行按约放款。后借款

---

① 2017 年金融消费纠纷典型案例发布：《伪卡盗刷银行有责任》，http：//shang-hai. xinm

到期，甲银行诉至法院要求陆某、高某偿付本金 1,053,001.63 元及其利息，并就抵押房屋行使抵押权并优先受偿。陆某以其签字时《委托放款授权书》等文件是空白等理由提出抗辩。

纠纷案例处理结果：

法院认为，《个人循环贷款最高额抵押合同》《委托放款授权书》《借款凭证》三份证据均有陆某的亲笔签名，结合贷款办理过程等情况，可以确定陆某指定放款至沈某账户。陆某提出其是在上述文件空白的情况下签名，后甲银行篡改来进行抗辩，未提供足够证据，故法院不予采纳。《个人抵（质）押循环贷款合同》签名栏有陆某的亲笔签名，但陆某以未看清合同内容，未收到合同文本等否认该合同效力，缺乏依据。甲银行已按合同约定将 117 万元发放至指定账户，陆某和高某未依约履行。法院判决陆某和高某共同支付所欠贷款本息，可就抵押房屋行使抵押权并优先受偿。

二、证券虚假陈述责任纠纷

此类纠纷为信息披露义务人违反法律规定，在证券发行或者交易过程中，对重大事件做出违背事实真相的虚假记载、误导性陈述或者在披露信息时发生重大遗漏，不正当披露信息的行为，而投资人买卖该上市公司股票遭受损失，向人民法院提起诉讼要求赔偿损失的纠纷。

纠纷案例：

谭某等投资人基于对××电器照明股份有限公司（以下简称××照明）信息披露的信赖，购买了该公司股票。然而，××照明从 2010 年 7 月 15 日起开始实施虚假陈述，于 2012 年 7 月 6 日被中国证券监督管理委员会广东监管局（以下简称广东证监局）处罚，导致股价下跌，造成其损失。为了其合法权益，谭某等人请求判令××照明向其赔偿投资差额损失、佣金、印花税、利息等，其中，有部分投资者请求××照明赔礼道歉，支付律师费、交通费、误工费、公证费等。

纠纷案例处理结果：

广州市中级人民法院认为，××照明在长达近两年的时间里存在七个关联交易却故意隐瞒交易的关联性不予披露，且关联交易累计涉及金额达数亿元，严重违反上市公司信息公开的义务，严重违反法律规定的信息披露必须真实、准确、完备的原则，亦严重违反诚实信用原则，故法院做出民事判决：1.××照明电器股份有限公司在本判决发生法律效力之日起 15 日内向原告赔偿共计 59,310,191.16 元；2. 驳回原告的其他诉讼请求。如果××照明未按本判决指定的期间履行给付金钱义务，应当依照《中华人民共和国民事诉讼法》第二百五十三条之规定，加倍支付迟延履行期间的债务利息；一审案件受理费 2,157,108 元，由××照明负担 1,004,361 元。

三、保险合同纠纷

发生较多的是财产保险合同纠纷和人寿保险合同纠纷。财产保险合同纠纷多为投保人以有形或无形财产及其相关利益为保险标的，与保险人订立保险合同，并支付保费，但在发生保险事故向保险人理赔时，保险人以免责事由等各种理由拒赔，被保险人向人民法院提起诉讼要求赔偿的纠纷。人寿保险合同纠纷则是投保人以被保险人的寿命为保险标的，当被保险人的寿命发生保险事故时，保险人拒绝理赔保险金而引发的纠纷。

纠纷案例①：

小田系田某、冉某之子。2007 年 6 月 21 日，田某与某保险公司签订保险合同，合同约定：投保人为田某，被保险人为小田，保险受益人为田某、冉某；投保险种为终身保险，保险期间为终身，保险金额为 2 万元。如被保险人身故，保险公司将按基本保额的三倍给付身故保险金。合同签订后，田某按前述保险合同约定按期向保险公司缴纳 2007 年至 2009 年的保险费共计 4500 元。2009 年 11 月 23 日，被保险人小田因患肺结核死亡。田某认为属于保险责任事故，向保险公司提出理赔申请。保险公司于 2009 年 12 月 25 日向田某出具《拒绝给付保险金通知书》，该通知书载明的主要内容为 "……经调查核实我公司发现投保前已患疾病，根据相关法律规定和保险合同条款……本次事故我公司不承担保险责任……该合同效力终止……退还保单现金价值 2116.74 元……"。田某、冉某遂诉至该院，要求保险公司共同赔付保险金 60000 元。另，查明小田于 2001 年和 2008 年接受过肺结核诊治。2007 年 6 月 19 日，田某在申请投保时，在填写个人保险投保单告知事项第 7 条 C 项 "被保险人是否曾患有或接受治疗过哮喘、肺结核、肺气肿等疾病" 时，投保人田某及被保险人小田均填写为 "否"。

纠纷案例处理结果：

法院认为，田某在投保时就被保险人小田曾患肺结核的事实未向保险公司尽到如实告知义务，保险公司有权解除合同。根据在案事实，保险公司于 2009 年 12 月 25 日做出《拒绝给付保险金通知书》，该载明的内容可以确认。从 2009 年 12 月 25 日起，保险公司就应当

---

① 张先明：《最高人民法院公布三起保险合同纠纷典型案例》，《人民法院报》，2013 年 6 月 8 日。

知道有解除事由，但保险公司在知道有解除事由之日起 30 日内未行使该解除权，其解除权已消灭。本案所涉保险合同未被解除的情况下，对双方仍具有约束力，保险公司应当按照本案所涉保险合同的约定承担给付田某等人保险金的责任。判决撤销原审民事判决，保险公司承担保险责任。

四、金融委托理财纠纷

此类纠纷多为客户将资产交给商业银行、证券公司、信托公司、保险公司、基金公司等受托人，由受托人将该资产投资于期货、证券或其他金融形式，此后发生亏损，客户要求金融机构依照保底条款的约定返还本金并支付收益，金融机构以客户自担风险为由予以拒绝，客户向人民法院提起诉讼进行维权的纠纷。

纠纷案例[①]：

被告葛某系某期货公司投资部经理，其接受公司指派对原告吴某进行投资指导。2011 年 4 月，原告在被告所在期货公司开立期货账户，账户期初金额为 5,993,610.53 元。同年 5 月，被告接受原告全权委托，双方以口头方式建立委托理财合同关系，由原告聘请的交易员根据被告的交易指令进行期货、股票交易操作。2011 年 7 月至 2013 年 2 月期间，原告累计向被告支付 195,300 元。2013 年 5 月，被告借走原告的交易软件加密狗，此后，由被告直接使用原告账户进行交易操作。2013 年 7 月 15 日，被告签署承诺书，承诺 2013 年 12 月 31 日前将原告账户总资产达到 600 万元，若未能达到由被告负责补偿。同年 9 月 17 日，被告再次签署承诺月均收益超过 1%，不足部分将补足。同年 11 月 17 日，被告再次签署承诺书表示没有补足，以

---

① 夏磊：《吴某诉葛某委托理财合同纠纷案》，http://blog.sina.com

自有房产抵押，但随后将上述内容涂掉。

由于原告账户自 2011 年 12 月 2 日起开始出现连续亏损，截至 2013 年 11 月 18 日原告平仓时，该账户亏损为 1,219,310.53 元。原告遂起诉至法院要求被告返还其之前支付给被告的盈利收益 195,300 元，并要求被告赔偿损失。被告则辩称，该 195,300 元系其应得款项，且认为承诺书并非其真实意思表示，承诺的保底条款无效，损失不应由其承担，并反诉要求原告支付 2013 年 3 月至 11 月的劳务费 51,000 元。

纠纷案例处理结果：

本案中，被告显然违反了期货从业人员不得接受客户全权委托的法律规范的禁止性规定，故其作为受托主体签订的委托理财合同属于违反法律规范的禁止性规定进而损害社会公众利益的情形，依法应被认定为无效，作为其补充内容的两份承诺函，亦应均属于无效。被告作为期货行业专业从业人员，在其可从事的业务范围内较普通市场主体具有更高的专业认知能力，应当知晓双方违法约定的不利后果，但仍接受客户全权委托直接进行期货交易操作并收取佣金，其过错程度显然较大，应对原告损失承担主要过错责任。而原告作为投资者，在其签署的《客户须知》中已被明确告知不得要求期货公司或其工作人员以全权委托的方式进行期货交易，但其仍全权委托被告进行交易，且在长达两年持续亏损后方提出异议，故其对损失亦存在次要过错。因此，综合考虑双方各自的过错程度，法院酌定原、被告双方按照 4：6 的比例对原告的损失进行分担。

五、期货交易纠纷

此类纠纷多为因期货公司及其工作人员存在发布虚假信息、操纵期货交易市场等行为，导致客户在进行期货交易时发生亏损，在协商无果的情况下，客户向人民法院提起诉讼进行维权的纠纷。

纠纷案例：

江某是 A 期货公司的客户，A 期货公司指派员工龚某为其提供服务。在交易中，江某接受龚某当面指导和代为操作，其间，江某告知龚某其账号、密码。随后，龚某曾在江某不在场时对江某的账户进行操作。江某在交易中出现巨额亏损。江某以 A 期货公司未经同意利用其账户进行期货交易和 A 期货公司交易软件存在缺陷为由，申请仲裁，要求 A 期货公司赔偿交易损失和手续费损失。A 期货公司答辩称，江某的现场交易都由其本人输入密码和登录账户，是其真实意思表示。江某有妥善保管自己密码的义务，应承担密码失密的后果。A 期货公司的交易软件在质量上符合交易要求，江某的交易亏损与软件提示错误并无直接因果关系。

纠纷案例处理结果：

仲裁庭认为，龚某的行为属于接受客户"全权委托"，因龚某的行为不是 A 期货公司的业务范围，也不是其自身职权范围，龚某接受"全权委托"不属于履行职务的行为。江某明知期货公司及其工作人员不得从事"全权委托"的期货交易，仍私下允许龚某操作其账户，相应的风险和损失应自行承担。A 期货公司的软件通过监管机构的检验，说明交易软件满足经营要求。江某无法证明其损失与无法交易之间的因果关系，且 A 期货公司为客户提供电话、柜台等其他委托下单方式，江某的损失和 A 期货公司提供的交易软件无关。仲裁庭最终裁决对江某仲裁请求不予支持。

六、银行卡纠纷

此类纠纷多为客户使用信用卡消费后未及时还款，发卡行向客户收取高额利息、复利、滞纳金等，双方产生争议诉至法院；或客户银行卡被盗刷，客户主张损失应由发卡行承担，而发卡行则主张应由客户自行承担，因而发生的纠纷。

纠纷案例①：

韦某在甲银行办理借记卡一张，未开通手机短信通知功能，但开通了网上银行功能（非 U 盾）。2014 年 4 月 25 日 17 时 56 分，韦某在上海消费 1,500 元，19 时 08 分在上海现金取款 300 元。19 时 25 分至 27 分，该银行卡在广东湛江跨省转账取款共计 65,040 元。4 月 27 日、4 月 28 日、5 月 1 日、5 月 2 日，韦某还消费和取款 4,992 元。5 月 3 日 19 时，韦某方发现卡内 65,040 元不见了（即 2014 年 4 月 25 日几笔跨省交易），告知银行后银行要求其报案。次日，韦某至派出所报案。韦某诉至法院要求甲银行支付存款 65,040 元及利息。

纠纷案例处理结果：

法院认为，根据韦某提供的 ATM 机取款记录显示，韦某于上海 ATM 机取现 300 元后 20 分钟内，远在广东湛江一男子使用相同账户信息的卡片在 ATM 机上进行连续取现和转账操作。因韦某未开通手机短信通知功能，未在交易当时得知盗刷亦属合理。由此可以证明韦某并不存在人卡分离的情况，异地转账、提现属伪卡交易。甲银行无证据证明韦某未妥善保管银行卡及密码，且对于他人使用伪卡交易未能从技术上识别，存在过错。法院判决甲银行赔偿韦某 65,040 元。

七、融资租赁纠纷

融资租赁纠纷多是指在出租人根据承租人对出卖人、租赁价的选

---

① 上海第二中级人民法院：《金融消费纠纷典型案例》，法律资讯微信公众号，ht-tp：//www. tuixinwan

择，向出卖人购买租赁物并提供给承租人使用。承租人支付租金的合同中，因承租人未按合同约定支付租金而引起的发生的融资租赁合同纠纷。

纠纷案例①：

2012 年 12 月中旬，某机械租赁公司与承租人冯某、出卖人某工程矿山机械公司签订《融资租赁合同》，约定租赁设备的所有权属甲方，乙方仅有使用权。同时，明确根据我国目前的机动车辆上牌照管理规定，为方便乙方使用，该租赁设备直接以乙方的名义上牌照，一切费用由乙方承担，但租赁设备所有权并不因此转移给乙方。

出租人某机械租赁公司，为防止《融资租赁合同》中对所有权的特别约定与机动车物权公示登记之间的矛盾，该公司还将争议车辆融资租赁情况在中国人民银行征信中心动产权属统一登记作初始登记，进一步明确了争议车辆的出租及权属状况。

此外，林某与承租人冯某等因健康权纠纷一案，林某申请财产保全。2015 年 12 月，该案一审法院做出裁定，将登记在冯某名下的上述租赁物徐工牌汽车起重机在 55 万元限额内予以查封，之后，出租人某机械租赁公司提出执行异议，但一审法院经审理裁定驳回其执行异议。

出租人某机械租赁公司不服裁定，提出上诉，认为机动车登记不是所有权登记，车辆实际所有人与登记不一致时，应认定实际所有人为所有权人，故请求依法撤销一审判决，停止对上述汽车起重机的强制执行措施，并确认前述车辆为出租人公司所有。

---

① Yang 志军：《极具参考价值和警示意义的融资租赁纠纷案例汇总》，http：// blog. sina. com

纠纷案例处理结果：

根据《融资租赁合同》的特别规定和该案当事人的约定，在《融资租赁合同》期限尚未届满的情况下，该案中租赁物所有权转移的条件并未成就，仍属于上诉人某机械租赁公司。此外，一审法院对上述租赁物采取强制执行措施，系因冯某占有且为登记权利人而产生的公示、公信力所致。但在该案中，出租人为防止融资租赁合同中对所有权的特别约定与机动车物权公示登记之间的矛盾，其还将上述争议车辆融资租赁情况在中国人民银行征信中心的融资租赁登记系统进行公示登记，该登记进一步明确争议车辆的出租及权属状况。

如前所述，可以认定出租人某机械租赁公司仍为该案讼争标的物的实际所有权人，林某与承租人冯某之间的侵权之债，应当以冯某自有财产承担相应民事责任。二审法院依法支持上诉人某机械租赁公司的上诉，判决撤销该案一审判决，改判不得执行涉案租赁物汽车起重机，并确认上诉人为汽车起重机的所有权人。

八、新型融资担保类纠纷

这类纠纷是指信用担保机构通过介入包括银行在内的金融机构、企业或个人这些资金出借方，与主要为企业和个人的资金需求方之间，作为第三方保证人为债务方向债权方提供信用担保，由于未能尽到担保债务方履行合同或其他类资金约定的责任和义务而引发的纠纷。

纠纷案例：

某融资担保有限公司与盛某、谢某追偿权纠纷案。2015 年 9 月 14 日，被告盛某与某小额贷款有限公司签订《生意贷借款合同》，贷款金额为 30 万元，期限自 2015 年 9 月 14 日起至 2016 年 9 月 14 日止。原告某小额贷款有限公司于 2015 年 9 月 16 日放款。同日，某融资担保公司与某小额贷款有限公司、被告盛某签订《保证合同》，以担保《生意贷借款合同》项下债务的履行。同日，被告谢某签订《反担保保证书》，针对其为被告盛某的保证，提供反担保保证，约定按照保证书承担连带保证责任。至起诉时，被告盛某仅按还款计划表偿还前三个月的应还款项共计 41684.55 元，自 2016 年 4 月 6 日最后一次还款后再无还款。原告依据《保证合同》于 2016 年 4 月 5 日向债权人代偿 280814.08 元。后其多次向二被告追讨未果。

纠纷案例处理结果：

法院认为，原告与二被告之间的担保合同关系合法有效，应受法律保护。根据原告提供的证据，可以认定，原告已履行担保责任代被告盛某偿还借款本息 280814.08 元，故原告有权向债务人及反担保人追偿。判决结果为被告盛某支付原告某融资担保公司代偿款人民币 280814.08 元及滞纳金、担保费、管理费、律师费。被告谢某对被告盛某的上述债务承担连带清偿责任。

九、网络金融消费时资金被盗

随着以网上银行、手机银行为代表的网络金融服务功能的日臻完善，越来越多的人已经习惯足不出户，在网络金融平台上坐享不用到网点排队，不受营业时间限制，7×24 小时随时轻松一点即完成转账支付、投资理财、贷款管理等金融业务，甚至预约看病、挂号排队、购物消费、充值缴费等民生服务。然而，不可否认的是，金融消费者在使用电子银行、网络支付等服务时，自我保护意识和风险识别能力亟待提高。在追求和享受支付便捷性的同时，消费者忽视自身金融信息的保护。伴随着互联网业务的蓬勃发展，金融安全知识的不足和防范意识的薄弱，使得消费者面临潜在的资金被盗和欺诈风险。

（一）常见的不法手段

1. 冒充公检法。不法分子经常冒充检察院、法院等工作人员，打电话给受害人，声称受害人的身份被冒用涉嫌洗黑钱，通过虚假"通缉令""逮捕令"恐吓受害者，要求将钱转到"安全账户"，证明自己清白。

2. 我是您领导。不法分子通过某种渠道取得公司员工的基本信息，拨通电话直接叫出受害者的姓名，自称是领导，让受害者次日早上到办公室谈话。次日一早，"领导"又给受害者打电话，以着急送礼等借口要求受害者转账给其账户。

3. 虚假客服人员。不法分子通过非法渠道获取了客户网购信息，冒充网上商城的客服人员，以"退款"或"退货"为由，通过电话联系客户，要求提供消费者个人身份证件号码、手机验证码等信息。而实际上，在退货及退款环节均不需要检验手机验证码。

4. 带链接网址的短信。不法分子以搬家或结婚请帖、同学聚会相片、交通违章、孩子成绩单或体检单查询、业务订单等内容为借口，发送带有链接网址的短信，诱导消费者点击网址，随后木马病毒植入，截取个人账户信息，通过网上支付等方式盗取消费者的账户资金。

（二）防范技巧

如遇上述情形，消费者需要保持冷静，与家人亲友多商量，向银行客服热线或营业网点工作人员、福建省警方防骗咨询热线（96110-8）、当地派出所或110等咨询。同时，要掌握网络金融安全使用技巧，提升风险防范意识：

1. 在银行柜台办理开户、开通电子银行业务时，必须预留本人手机号码，不要使用他人的手机号码。同时，手机号码有变更时，要第一时间到银行柜台申请变更。

2. 使用网上银行/手机银行，下载手机银行客户端 APP，务必要登录银行官方网址。

3. 电子银行用户名、密码，要与邮箱、网站、论坛、游戏、即时通信工具等其他用途区别设置，并养成定期更改密码的习惯。

4. 手机短信交易码和认证工具显示屏中展示的信息，是银行向消费者推送的关键转账交易信息，请务必认真阅读并核对，不要向他人泄露，不要在未经确认情况下点击认证工具上的确认按钮。对他人通过短信、微信、QQ 等渠道发送的转账收款人信息，请消费者务必先拨打电话确认再操作。

5. 任何索要电子银行用户名、密码、手机交易码、动态口令等个人安全信息的行为均涉嫌欺诈。

6. 如果消费者经常使用网上支付或手机支付业务的，建议消费者在实体卡下申请一张专用于在线支付的虚拟银行卡。比如，中行虚拟银行卡可由消费者通过中行个人网银在线申请，设置单笔和累计交易限额以及有效期等，并可以随时修改交易限额、注销，有效控制支付风险。

7. 在日常生活使用手机时，请不要轻易点击链接网址、压缩包、图片和二维码等，避免手机被植入木马病毒；在进行支付或退款等操作时请登录正规网站。建议消费者在手机上安装杀毒软件等相应的防护程序并定期更新病毒库，一旦出现木马病毒，可以及时提醒和删除。

8. 当消费者带有支付功能的手机、银行卡丢失，或收到非本人办理转账、支付等业务的通知短信，或有人电话告知消费者资金已被扣划等时，请第一时间致电银行客服中心，口头挂失银行卡。

纠纷案例①：

2015年9月17日21点，张先生通过网页广告链接A理财网站，发现有大量高收益理财产品，并被其中一款保证每天按投资额5%～10%返利的基金吸引，遂向在线销售人员咨询。销售人员自称B银行客户经理，通过该行官方客服电话95×××介绍该产品系B银行与香港C基金公司联合发行，不仅安全可靠，而且收益很高。于是，张先生按其指导在A理财网站注册并使用U盾购买20万元基金产品。两天后，张先生因未如期收到产品收益，再登录A理财网站时发现已关闭。张先生意识到被骗，登录网上银行查账后又发现，两天前购买基金一个小时后，支付基金款项的银行卡内剩余的1万元被全数转出，且未收到银行发送的余额变动短信提醒。张先生立即向公安机关报案，并向银行投诉要求赔偿损失，但银行以其疏忽大意导致损失为由拒绝了张先生的赔偿诉求。最后，张先生到法院对银行提起诉讼，请求法院判令B银行返还其账户资金，并承担本案诉讼费。

纠纷案例处理结果：

法院经审理认为，张先生登录非法虚假理财网站，受高收益虚假基金产品迷惑且主动购买，并泄露个人信息和账户信息，张先生的账户损失系因其疏忽大意造成，相关不利后果应该由张先生承担；银行端的操作系统在认证业务请求密码正确且有U盾授权的情况下，将犯罪分子的操作认定为客户本人操作，为客户账户办理了业务，银行并无过错；张先生变更电话号码后未通知银行更改联系方式，导致资金

---

① 王璐：《一起互联网金融欺诈典型案例的启示》，《中国城市金融》，2016年第1期。

被盗时未收到短信提醒，银行不承担责任。综上，法院判决驳回张先生的诉讼请求。张先生作为受害人报案，公安机关已经立案侦查，待案件侦破后张先生的损失可以得到补偿。

十、金融骗局

除了消费网络金融产品欺诈外，还存在形式多样的金融骗局，主要有以下几种情形。

1. 银行理财"飞单"：极个别银行员工为赚取高额佣金，私自与其他投资公司"串通""勾结"，以银行的名义出售其他投资公司的理财产品，并夸大该理财产品的收益。投资人信以为真购买了该理财产品，但到期后本金与收益均无法兑现，从而遭受损失。

2. "原始股"骗局：市场上的非法集资常常以兜售原始股作掩护，通过许诺高回报，引诱投资者买入所谓的原始股，然后再通过后来进入的投资者，花钱去购买之前的投资者已涨价的股权，以帮助之前的投资者实现盈利。

3. 不合规 P2P 平台：一些 P2P 平台本来就抱着违法的目的，存在非法集资和非法吸收公众存款等行为。P2P 跑路，已经购买相关产品的投资者往往血本无归。

4. "炒股群"推荐股票：炒股群中，有不法分子利用开盘前推荐几支在竞价时间已经大涨或者突然拉升的股票来诈骗股民。开盘后，股票有涨有跌，如果涨了，群主就大做宣传，怂恿客户成为会员，以便获得更多的股票指导业务；不涨就说已提前布局，非用户买卖时机自己把握，买了软件或加了会员，就有老师提供买卖时机。如果客户上钩，业务员便会向其介绍更"赚钱"的方式，然后以各种名义，让客户将钱汇到指定账户。

5. 存款变保单、基金：不少老人到银行存款，受身着工作服装的工作人员介绍，稀里糊涂的存单被"忽悠"成保单；有些人想要买保本理财产品，结果被忽悠买了基金。

6. 高回报贵金属交易诱惑：这类事件常以高额回报诱惑客户开户，并向投资者介绍所谓交易灵活、能跟专业老师操作、盈利周期短等好处。如果投资者觉得盈利太慢，就让其加大资金量。其实这是一场对赌游戏，交易软件被后台人为操纵，交易所、会员、代理商层层设置陷阱，行情处于高位时不能平仓，本该下跌的价格，在交易软件上却直线飙升等。

第三节　金融消费权益纠纷的解决途径

当金融消费者与金融机构发生纠纷时，可通过以下途径解决。

一、与金融机构协商

协商是一种旨在相互说服的交流或对话过程，其实质是一种双方的交易活动，就是双方当事人为了达成和解的协商交易过程。协商一般包括计划和分析、交换信息、让步和承诺、达成协议四个步骤。

二、投诉

目前，我国金融消费者投诉的处理平台大致可分为三类：金融机构内设投诉部门、消费者协会或金融业行业协会及金融机构的监管部门。原则上先向金融机构投诉，金融机构对投诉不予受理或在一定期限内不予处理，或金融消费者对金融机构处理结果不满意的，金融消费者可以向金融机构所在地的监管部门投诉。金融消费者投诉中举报金融机构违反有关法律、法规、规章等规定的，金融消费者可以直接向金融机构所在地的监管部门投诉。

（一）金融机构内设投诉部门

金融机构内部投诉处理机制是由金融机构与金融消费者之间直接沟通处理金融消费争议，不需要第三方介入，该方式也是最便捷、低成本的方式。目前，国内大多数金融机构均设有客服中心，采用统一电话号码接受客户投诉，客户在向分支机构投诉无果的情况下可拨打客服中心热线，客服中心将联动处理单下达被投诉分支机构，要求其在规定时间内做出处理并向服务中心反馈处理结果。

（二）消费者协会和金融业行业协会投诉平台

消费者协会和金融业行业协会也是消费者投诉金融消费问题的主要平台。消费者协会投诉处理机制主要是由消费者协会作为中间人，对消费者投诉的主要处理方式包括调查、调解等。近年来，由于金融消费投诉增多，且其具有的专业性较强，部分地区的消费者协会也在探索设立金融分会以专门解决消费者的金融投诉等问题。目前，金融行业协会成立专门机构处理成员单位与消费者之间的纠纷，处理方式主要是调解。如中国证券业协会设立证券调解专业委员会，中国银行业协会成立消费者保护委员会，保险行业协会成立保险行业调解组织。

（三）金融机构的监管部门投诉受理处理机制

目前，向金融监管机关投诉，是金融消费者处理消费纠纷的主要选择。金融消费者向金融监管部门进行投诉，可以采用来访、电话、书信等形式。涉及重大金融消费争议的投诉应当填写书面投诉申请书。

1. 中国人民银行的金融消费纠纷投诉处理机制

2013 年发布的《中国人民银行金融消费权益保护工作管理办法（试行）》规定，人民银行受理的范围包括两大类：（1）中国人民银行法定职责范围内的金融消费者投诉；（2）涉及跨市场、跨行业交叉性金融产品和服务的金融消费者投诉。

目前，由中国人民银行金融消费权益保护部门负责运行管理的 12363 电话在全国 31 个省市的全面覆盖，是人民银行受理金融消费者咨询和投诉，加强金融消费权益保护的重要平台和渠道。

目前，上海市、广东省、黑龙江省、陕西省、浙江省、山东省等均已设立金融纠纷调解中心，主要开展调解和评议金融消费纠纷、协助金融机构处理投诉案件、指导金融消费者依法维权、开展金融消费权益保护领域的金融知识宣传、教育、培训、咨询、研究与交流等业务活动。

2. 中国银行保险监督管理委员会的金融消费纠纷投诉处理机制

中国银保监会出台《银行业保险业消费投诉处理管理办法》，推动建立消费纠纷多元化解机制。目前，银行保险纠纷调解机构总数为 600 家。2021 年，中国银保监会与最高人民法院在已有的线下诉讼与调解相衔接机制基础上，合作开发并上线银行业保险业纠纷在线诉调对接系统（简称在线诉调对接系统）。2012 年设立统一维权服务热线：12378 银行保险投诉维权热线。

3. 中国证监会的投资者投诉处理机制

证券期货业，目前存在 4 种形式的调解组织处理投诉纠纷。

一是行业协会设立调解组织开展调解，如中国证券业协会设立调解中心。

二是证监会设立的专门机构从事调解，如 2014 年 8 月成立中证中小投资者服务中心有限责任公司，其主要职责就是提供证券期货纠纷调解服务。

三是成立事业单位性质的调解组织，如深圳证监局和深圳国际仲裁院共同发起，深圳国际仲裁院、深圳证券交易所、深圳市证券业协会、深圳市期货同业协会、深圳市投资基金同业公会和前海股权交易中心联合设立深圳证券期货业纠纷调解中心，该中心登记为公益性事业单位法人。

四是通过人民调解委员会形式开展调解，主要依托各地方证券业协会调解组织成立证券业纠纷人民调解委员会。

证监会于 2013 年 9 月开通 "12386 中国证监会热线"，热线由中国证券投诉者保护基金有限公司负责具体建设和运行管理。12386 热线受理证券期货市场投资者投诉、咨询和建议等。不受理信访和举报。热线同时承接中国证监会网站 "我要留言" 和 "给主席写信" 栏目以及中国证券投资者保护基金网站 "投资者呼叫" 栏目的投资者咨询、建议及投诉事项。

三、请求通过依法设立的第三方机构调解

调解作为民事纠纷解决机制的一种，是在第三方的主持下，以国家法律、法规、规章和政策以及社会公德为依据，在纠纷主体之间沟通信息，摆事实明道理，促成纠纷主体相互谅解、妥协，从而自愿达成最终解决纠纷的合意，消除纷争。目前，我国公认的主要有以下 4 种调解方式。

一是人民调解，即民间调解，属于诉讼外调解。村民委员会、居民委员会设立人民调解委员会。企业、事业单位根据需要设立人民调

解委员会。人民调解委员会是依法设立的调解民间纠纷的群众性组织。

二是法院调解，是指人民法院对受理的民事案件、经济纠纷案件和轻微刑事案件进行的调解，是诉讼内调解。法院调解书与判决书有同等效力。

三是行政调解，又分为两种：一是基层人民政府，即乡、镇人民政府对一般民间纠纷的调解；二是国家行政机关依照法律规定对某些特定民事纠纷或经济纠纷或劳动纠纷等进行的调解。行政调解都属于诉讼外调解。

四是仲裁调解，即仲裁机构对受理的仲裁案件进行的调解，调解不成即行裁决，这也是诉讼外调解。《中华人民共和国仲裁法》《中华人民共和国劳动争议调解仲裁法》《中华人民共和国农村土地承包经营纠纷调解仲裁法》和《中国国际经济贸易仲裁委员会仲裁规则》等都规定仲裁调解。

四、提请仲裁

仲裁，又称公断，是指纠纷双方在纠纷方式前或发生后达成协议，自愿将纠纷委托给法院以外的第三方进行裁决的纠纷解决方法或制度。

自 2005 年 5 月 1 日我国开始执行《中国国际经济贸易仲裁委员会金融争议仲裁规则》之后，金融仲裁如雨后春笋般发展，尤其是 2012 年浙江杭州金融仲裁院的正式亮相，标志着我国金融仲裁处于鼎盛发展阶段。目前，全国较为发达城市都设立金融仲裁机构。

五、向人民法院提起诉讼

诉讼途径是指金融消费纠纷产生后，由金融消费者或者金融机构通过向人民法院提起民事诉讼的方式，解决双方的纷争。其简易程序3个月审结，普通程序6个月审结。流程一般经过立案、开庭准备和实体审理三个阶段。

1. 立案：确定好管辖的法院，准备好立案的材料。法院如果审核通过，可以受理，就会给当事人开诉讼费的发票，去收费处交费。交费完毕，填写立案的受理通知书，一张是原被告的信息，一张是证据，一张是受理告知书，一张是诉讼材料，告知原被告双方的权利义务。

2. 开庭准备：法院将案件分配给法官，法官会告知双方当事人，开庭时间另行通知。在这个阶段，双方提交证据并准备书面答辩，这时可以委托律师前往查阅对方提交的证据和答辩状，为开庭做准备。

3. 实体审理：法官通知开庭的时间，双方出庭，进入实体审理阶段。法官首先要核实原被告的身份信息、双方诉讼代理人的基本情况，在经过法庭调查、举证质证、法庭辩论后，由法庭进行调解或裁决。

参考文献

1. 焦瑾璞：《普惠金融导论》，中国金融出版社，2019 年版。

2. 中国财经出版社编：《2014 年全球金融发展报告：普惠金融》，中国财政经济出版社，2015 年版。

3. 世界银行，中国人民银行：《全球视野下的中国普惠金融：实践、经验与挑战》，中国金融出版社，2019 年版。

4. 中国人民银行金融消费权益保护局：《中国普惠金融指标分析报告（2021）》。

5. 中国银行保险监督管理委员会：《中国普惠金融发展报告》，中国金融出版社，2018 年版。

6. 曾刚，何炜主编：《中国普惠金融创新报告（2020）》，社会科学文献出版社，2020 年版。

7. 贝多广，张锐：《试论普惠金融国家发展战略的目标》，《财经智库》，2016 年第 1 期。

8. 何德旭，饶明：《我国农村金融市场供求失衡的成因分析：金融排斥性视角》，《经济社会体制比较（双月刊）》，2008 年第 2 期。

9. 周文平，周素彦：《我国新型农村金融机构发展中的激励机制分析》，《宏观经济研究》，2011 年第 12 期。

10. 杨智，孙圣民：《主发起行制度对当前村镇银行发展的影响与对策——基于制度分析的视角》，《制度经济学研究》，2018 年第 3 期。

11. 李波：《对微型金融的认识及发展建议》，《武汉金融》，2009 年第 3 期。

后　记

　　党中央、国务院高度重视普惠金融的发展。党的十八届三中全会通过的《中共中央关于全面深化改革若干重大问题的决定》中明确提出要"发展普惠金融"。2015 年 12 月 31 日，国务院颁布《推进普惠金融发展规划（2016—2020 年）》，意味着中央正式将发展普惠金融提高到国家发展战略层面。党的十九届四中全会提出，要"健全具有高度适应性、竞争力、普惠性的现代金融体系，有效防范化解金融风险"。2022 年 2 月中央全面深化改革委员会第二十四次会议审议通过《推进普惠金融高质量发展的实施意见》。同时，国家同意在河南省兰考县、福建省宁德市和龙岩市、江西省赣州市和吉安市、陕西省铜川市等地设立普惠金融改革试验区，为全国普惠金融的发展积累可复制、可推广的经验。理论和实践证明，发展普惠金融不但有助于提高社会大众的金融服务可得性，而且对于提高居民收入水平、实现共同富裕、维护社会稳定和促进经济增长等均具有重大作用。

　　认知决定行动。各级领导干部推动各自辖区普惠金融发展、金融业从业人员开展普惠金融业务、社会大众获取普惠金融服务等都须对普惠金融形成正确认知。福建省高校特色新型智库福建普惠金融研究院成立伊始就酝酿出版一本有关普惠金融的通俗读物，向各级领导干部、金融业从业人员和社会大众普及普惠金融知识，并将其立项为研究院"开放基金"重点课题，组织团队进行编著工作。本书是集体工作的结晶，由福建农林大学郑海荣副教授负责全书框架设计并负责撰写第一章、第二章、第三章，福建农林大学游碧蓉副教授负责撰写第四章，福建农林大学研究生丘寿勇、郑悦凡、苏荣鑫、刘沙、陈潇湘、何银冰、刘爽、麻静、吴东阳等同学协助完成相关资料的搜集和整理工作，福建农林大学本科生叶超、郑姝玥、万佳、郭珈彤、叶琳群、陈齐清、覃佩雯、李玲玲等同学协助完成插图制作等工作。

同时，本书也是国家社科基金项目《"新基建"背景下中国农村普惠金融发展对策研究》（20BJY153）的阶段性研究成果。

要特别感谢福建省社科联，正因为获得福建省社会科学普及出版资助项目的资助，本书才得以顺利呈现在各位读者面前！

本书的问世也得到福建省农村信用合作社联合社和福建省地方金融监督管理局的大力支持，他们提供了大量的素材，在此表示感谢！

我们在编著本书的过程中参考了国内外大量相关文献资料，在此对相关作者一并表示感谢！

本书可作为各级领导干部、金融业从业人员和社会大众了解普惠金融的参考书。